Lust auf Zucchini

Johanna
Handschmann

Lust auf Zucchini

Bassermann

Inhalt

Eine interessante und köstliche Salatkombination aus Zucchini, Möhren und Fenchel (Rezept Seite 13)

Ganz einfach zuzubereiten: Zucchini-Pilz-Pfanne

Risotto mit Zucchini und Ingwer auf italienische Art

Im Handumdrehen sind die überbackenen Zucchini mit Käsekruste fertig

Allroundgemüse Zucchini

Die vielseitigen Zucchini sind preiswert, leicht zu verarbeiten, haben immer Saison und eignen sich für zahlreiche pikante und süße Zubereitungen von einfach bis raffiniert.

Das in Zucchini reichlich enthaltene Vitamin A kurbelt den gesamten Stoffwechsel an und stärkt die körperliche und geistige Vitalität. So haben Müdigkeit, Leistungs- und Konzentrationsschwäche keine Chance.

Heimat und Anbauländer

Zucchini, auch Zucchetti oder Courgettes genannt, sind die kleinsten Vertreter der großen Kürbisfamilie *(Cucurbita pepo)*. Ursprünglich in Mexiko zu Hause, gelangten sie im 15. Jahrhundert nach Europa, wo sie allerdings zunächst nur in Italien und Griechenland kultiviert wurden. Inzwischen wachsen sie längst im gesamten Mittelmeerraum von Spanien bis zur Türkei, wo sie wegen des milden Klimas ganzjährig angebaut werden, während man sie in unseren kühlen Breiten nur von Juni bis September ernten kann.
Dank ihres dezenten, aber dennoch aromatischen Geschmacks, ihrer überaus vielseitigen Verwendbarkeit und des reichen Erntesegens, den die schnellwüchsigen und ertragreichen Pflanzen den Hobbygärtnern bescheren, haben die Gemüsefrüchte in den letzten 20 Jahren einen festen Platz auf unserem Speisezettel erobert.

Farben und Formen

Zucchini werden in vielen Varianten kultiviert: Neben den bekannten dunkelgrünen Sorten gibt es hellgrüne, goldgelbe, weiße und grünweiß gesprenkelte Früchte, deren Formen zwischen schlank und gurkenförmig bis zu kugelrund variieren, wobei sich Letztere besonders gut zum Füllen eignen. In der Regel werden bei uns die schlanken, dunkelgrünen Zucchini angeboten, die ein Gewicht von mehreren Kilogramm erreichen können, jedoch am besten schmecken, wenn sie nicht länger als 20 Zentimeter sind. Besonders große Exemplare lassen sich aber auch noch in Eintöpfen oder für Kuchen verwenden.

Vielseitig und unkompliziert

Zucchini sind eine Delikatesse mit verstecktem Charme. Sie schmecken mild, haben ein feines, leicht nussartiges Aroma und lassen sich nahezu universell einsetzen, egal ob für Salate, Vorspeisen, Hauptgerichte oder als Beilage. Auch zum Füllen oder Panieren und sogar für süße Gerichte sind diese Allroundkünstler bestens geeignet.

- Zucchini harmonieren mit fast allen Kräutern. Besonders beliebt sind Kombinationen mit Thymian, Rosmarin, Salbei und Oregano, sehr fein schmecken aber auch Zitronenmelisse oder Dill. Als Gewürze eignen sich neben Salz und Pfeffer auch Curry, Safran, Muskatnuss, Ingwer, Zitrone und Knoblauch.
- Zucchini lassen sich vorzüglich mit mediterranem Gemüse wie Auberginen, Fenchel oder Tomaten kombinieren, vertragen sich aber auch bestens mit einheimischem Gemüse wie Möhren, Zwiebeln, Porree, Kartoffeln oder Erbsen.

Fitmacher Zucchini

Zucchini schmecken nicht nur gut, sondern sind durch ihren hohen Gehalt an lebenswichtigen Vitaminen, Mineral- und Ballaststoffen auch überaus gesund:

- Zucchini enthalten viel Vitamin A und C, Vitamin B1 und B2, Niazin und Vitamin E.
- Zucchini sind reich an Kalzium, Magnesium, Phosphor, Kalium, Eisen, Fluor und Natrium.
- Zucchini besitzen reichlich mild wirkende Ballaststoffe.
- Zucchini enthalten kaum Fett und nur wenig Kalorien (16 Kilokalorien pro 100 Gramm) und sind deshalb die idealen Schlankmacher.

Darüber hinaus fördern sie körperliche und geistige Leistungsfähigkeit, denn sie

- entwässern und entsäuern den Organismus
- entgiften den Darm
- beseitigen Darmträgheit und Verstopfung
- helfen beim Aufbau einer gesunden Darmflora und
- stärken die Immunkräfte des Körpers.

Zucchini eignen sich ideal zum Abnehmen, da sie besonders wenig Kalorien, aber sehr viele Ballaststoffe enthalten. Außerdem sind sie leicht verdaulich und deshalb gut für eine Magen- und Darmdiät geeignet.

Zehn gute Gründe, Zucchini zu essen

1. Zucchini helfen beim Schlankwerden.
2. Zucchini stärken das Immunsystem.
3. Zucchini verbessern die körperliche und geistige Vitalität.
4. Zucchini erhöhen die Konzentrationsfähigkeit.
5. Zucchini aktivieren den Zellstoffwechsel und somit die Leistungsfähigkeit.
6. Zucchini kräftigen Muskeln und Herz.
7. Zucchini wirken entwässernd und entsäuernd.
8. Zucchini entgiften den Darm und binden Fettstoffe.
9. Zucchini beseitigen Darmträgheit und Verstopfung.
10. Zucchini kräftigen alle Schleimhäute im Körper und helfen so bei der Darmpflege.

Mit den vielfältigen Rezepten in diesem Buch können Sie dem Erntesegen im eigenen Garten gelassen entgegensehen.

Zucchini einkaufen

Zucchini sind preiswert und haben dank der Importe aus den Mittelmeerländern zu allen Jahreszeiten Saison.
Achten Sie beim Einkauf auf pralle, glänzende Früchte mit unversehrter Schale, die im Verhältnis zu ihrer Größe relativ schwer sind. Leichte Zucchini sind dagegen meist schon zu lange gelagert und an der Spitze häufig bereits weich.
Welche Sorte Sie beim Einkauf wählen, hängt vor allem vom späteren Verwendungszweck ab, denn die verschiedenen Zucchinisorten unterscheiden sich geschmacklich kaum voneinander, lassen sich dafür aber gut für optische Kontraste nutzen. So passen z. B. die intensiv gelben Zucchini farblich sehr schön zu grünen Nudeln, wildem Reis oder Blumenkohl, während eine Mischung aus gelben und grünen Zucchini besonders reizvoll in Kombination etwa mit Tomaten oder roten Paprikaschoten bzw. mit roten Peperoni aussieht.
Am besten schmecken relativ kleine Zucchini bis etwa 20 Zentimeter Länge mit festem, saftigem Fruchtfleisch und dünner Schale, die nur eine kurze Garzeit benötigen.
Größere Zucchini haben eine dickere Schale, so dass sie zwar länger gelagert werden können, dafür aber auch eine etwas längere Garzeit haben. Ihr Fruchtfleisch ist außerdem etwas trockener als das von kleineren Früchten und enthält zudem größere Kerne, die vor der Zubereitung entfernt werden sollten.

Zucchiniblüten

Raffinierte Extras bieten Zucchini mit großen Blüten, die sich wunderbar zum Füllen und Frittieren oder auch einfach nur zum Dekorieren eignen. Die attraktiven Blüten, die es bei uns in der Regel nur im Sommer gibt, können frisch auch sehr gut solo zubereitet werden – am besten schmecken sie, wenn sie erst kurz vor der Zubereitung aus dem eigenen Garten geerntet werden. Dabei schadet es den Zucchinipflanzen nicht, wenn Sie die Blüten ernten, sondern sie werden dadurch im Gegenteil zu weiterer Blütenproduktion angeregt.
Zucchiniblüten sollten Sie immer nur vorsichtig unter kaltem Wasser abbrausen und zum Abtropfen auf Küchenpapier legen.

Jede Zucchinipflanze trägt männliche und weibliche Blüten, wobei die männlichen Blüten nur einen Stiel haben. Die Blüten eignen sich besonders gut zum Frittieren oder zum Füllen.

Zucchini lagern

Im Kühlschrank können Sie Zucchini im Gemüsefach oder in einer mit Luftlöchern versehenen Plastiktüte ohne weiteres ein bis zwei Wochen aufbewahren. Wichtig ist, dass die Früchte nicht luftdicht verpackt sind, da sie sonst bald zu schimmeln beginnen. Ältere, größere Zucchini mit dicker Schale können Sie ähnlich wie Kürbisse über längere Zeit auch im kühlen, dunklen Keller oder in der Speisekammer lagern.

Zucchini konservieren

Zucchini lassen sich auf vielerlei Weise konservieren: auf mediterrane Art zusammen mit Kräutern in Öl eingelegt, als pikantes Chutney für exotische Gerichte oder klassisch süßsauer eingemacht wie Kürbisse (Seite 28 f.).
Gewaschen, geputzt, in Scheiben geschnitten und in Tiefkühlbeutel verpackt, können die Früchte auch unblanchiert sehr gut bis zu acht Monate tiefgefroren werden.

Mein blitzschnelles Zucchini-Lieblingsrezept schmeckt nicht nur gut, sondern ist auch ideal geeignet, das fettlösliche Provitamin A für den Körper verfügbar zu machen: Dünne Zucchinischeiben in wenig Olivenöl zusammen mit etwas Knoblauch goldbraun braten.

Zucchini vorbereiten

1 Den Zucchino waschen, mit Küchenpapier sorgfältig trockentupfen und Stiel- und Blütenansatz entfernen.

2 Die Frucht in 5 bis 7 Millimeter dicke Scheiben schneiden (dicke Zucchini vorher 1- bis 2-mal längs halbieren).

3 Zackenmuster schneiden: Den Zucchino mit einem Buntmesser in 5 bis 7 Millimeter dicke Scheiben schneiden.

4 Dünne Stifte schneiden: Den Zucchino mit einem Julienneshobel in feine, 2 bis 3 Millimeter dicke Stifte schneiden.

5 Gleichmäßige Längsscheiben schneiden: Den Zucchino mit einem großen Messer oder mit der Maschine schneiden.

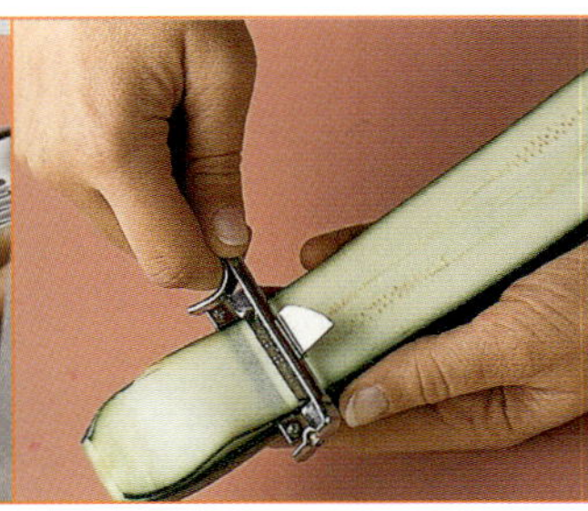

6 Besonders dünne Scheiben schneiden: Den Zucchino an der Längsseite gleichmäßig mit einem Sparschäler schälen.

7 Zucchino aushöhlen: Die Frucht in der Mitte längs durchschneiden, Stiel- und Blütenansatz dabei stehen lassen.

8 Das Fruchtfleisch mit einem scharfkantigen Teelöffel herauslösen, dabei einen 5 Millimeter dicken Rand stehen lassen.

Vorspeisen und Salate

Ob als aromatische Zutat in einem knackigen gemischten Salat, als feine Vorspeise für ein festliches Menü oder als appetitliche Häppchen auf einem dekorativen Büfett – mit Zucchini, den unkomplizierten Allroundkünstlern, können Sie immer neue Varianten zaubern. Dezent und unaufdringlich im Geschmack passen sie zu fast jedem Gemüse, harmonieren mit Fleisch, Geflügel, Fisch, Krustentieren und Eiern, lassen sich mit zahlreichen Kräutern und Gewürzen kombinieren und schmecken auch vorzüglich zu würzigem Käse.

Geht schnell

Gemischter Salat mit Zucchini und Pilzen

Verwenden Sie Austernpilze möglichst nicht in Kombination mit allzu würzigen Lebensmitteln, da sich ihr Aroma sonst nicht entfalten kann.

Für 4 Portionen

- 1 kleiner Blattsalat (Eichblattsalat, Lollo Rosso, Endiviensalat)
- 1 Möhre
- 2 Tomaten
- 1 Stück Salatgurke (etwa 5 cm)
- 1 EL Apfelessig
- 2 EL Öl
- Salz
- frisch gemahlener bunter Pfeffer
- 200 g Austernpilze
- 1 Zucchino
- 2 Knoblauchzehen
- 1 EL Butter
- 1 EL Balsamicoessig

20 Minuten

1 Den Salat waschen, putzen und abtropfen lassen. Die Möhre waschen oder schälen und in feine Streifen hobeln. Die Tomaten waschen, vierteln und den Stielansatz entfernen. Die Salatgurke schälen und in nicht zu feine Streifen oder Würfel schneiden.

2 Den Apfelessig mit Öl, Salz und Pfeffer verrühren. Die Salatblätter in mundgerechte Stücke zerpflücken und mit den Möhrenstreifen, Tomatenvierteln und der Marinade vermischen.

3 Die Pilze putzen und in schmale Streifen schneiden. Den Zucchino waschen und in dünne Scheiben schneiden. Den Knoblauch abziehen und sehr fein würfeln.

4 Die Butter zerlassen und den Knoblauch darin in 1 bis 2 Minuten goldbraun braten. Die Pilze zugeben und bei starker Hitze 2 bis 3 Minuten braten. Die Zucchinischeiben zufügen und alles unter Wenden weitere 3 bis 4 Minuten bei mittlerer Temperatur schmoren. Mit dem Balsamicoessig ablöschen und Pilze und Zucchini auf den Salat geben.

Tipp der Köchin

Zu diesem feinen Salat servieren Sie am besten knuspriges Baguette. Aber auch ein herzhaftes Bauernbrot schmeckt gut dazu. Nach Belieben können Sie noch einige gebratene Puten- oder Hühnerbruststreifen auf dem kalt-warmen Salat verteilen.

Besonders kleine Austernpilze haben ein sehr festes Fleisch.

Sehr fein

Zucchini-Möhren-Fenchel-Salat

Für 4 Portionen
400 g Zucchini
200 g Möhren
1 kleine Fenchelknolle
2 cm frische Ingwerwurzel
250 ml Orangensaft
1 Prise Zucker, Salz
frisch gemahlener bunter Pfeffer
50 g schwarze Oliven, gehackt
4 EL Olivenöl
1–2 TL Zitronensaft

30 Minuten

1 Das Gemüse waschen und putzen. Zucchini und Möhren in dünne Stifte hobeln, die Fenchelknolle sehr fein hobeln. Den Ingwer schälen und fein würfeln.

2 Den Orangensaft mit dem Ingwer erhitzen und Zucchini, Möhren und Fenchel darin 4 bis 5 Minuten offen dünsten, dabei den Orangensaft etwas einkochen lassen.

3 Das Gemüse in einer Salatschüssel mit Zucker, Salz und Pfeffer würzen. Die Oliven zufügen. Öl und Zitronensaft darüber gießen, alles gut vermischen und nochmals abschmecken.

Der Zucchini-Möhren-Fenchel-Salat mit einer besonders frischen Note dank Orangen- und Zitronensaft, die noch durch das Aroma und die leichte Schärfe des frisch geriebenen Ingwers unterstützt wird.

Lässt sich vorbereiten

Saftiger Zucchini-Gemüse-Salat

Zitronenmelisse passt besonders gut zu Gerichten, die intensiv schmecken. Man gibt sie aber erst kurz vor dem Servieren dazu, da ihr Aroma sehr flüchtig ist.

Für 4 Portionen
250 g kleine Zucchini
1 EL Olivenöl
1 rote Paprikaschote
1 gelbe Paprikaschote
1 Möhre
2 Stangen Staudensellerie
Salz
1 Fleischtomate
4 EL Sherry- oder Apfelessig
frisch gemahlener bunter Pfeffer
4 EL kaltgepresstes Olivenöl
2–3 Stängel Basilikum, Petersilie, Zitronenmelisse oder Dill

30 Minuten

1 Die Zucchini waschen, den Stielansatz entfernen und die Früchte sehr fein (etwa 3 Millimeter), würfeln. 1 Esslöffel Öl erhitzen, die Zucchiniwürfel darin 2 bis 3 Minuten unter Rühren andünsten und in eine Salatschüssel umfüllen.

Dieser »Gabelbissensalat« findet auf einer Grillparty oder auf einem kalten Büfett begeisterte Anhänger.

2 Die Paprikaschoten waschen, den Stielansatz und die Kerne entfernen. Die Möhre waschen und bürsten oder schaben. Den Staudensellerie waschen und abziehen. Paprika, Möhre und Sellerie ebenfalls sehr fein würfeln, zu den Zucchini geben, alles vermengen und das Gemüse mit 1 Prise Salz würzen.

3 Die Tomate mit Wasser überbrühen und kurz ziehen lassen. Den Stielansatz entfernen und die Haut abziehen. Das Fruchtfleisch fein würfeln und zu dem Gemüse geben.

4 Für die Marinade den Essig mit Pfeffer und Öl verrühren und mit dem Gemüse vermischen. Die Kräuter waschen, trockenschwenken, fein hacken und darüber streuen.

Tipp der Köchin

Sie können die Zucchini auch roh verwenden, sollten den Salat dann aber einige Stunden ziehen lassen.

Zucchini in feine Würfel schneiden

1 Den Zucchino waschen und längs in feine Scheiben schneiden.

2 Die Scheiben der Länge nach in feine Streifen schneiden.

3 Die Streifen portionsweise quer in feine Würfelchen schneiden.

Für Gäste

Bunter Zucchini-Gemüse-Salat mit Oliven

Da sich das Auberginenfruchtfleisch bei Luftkontakt schnell verfärbt, ist es ratsam, die Schnittflächen nach dem Anschneiden mit etwas Zitronensaft zu beträufeln.

Für 4 Portionen

250 g Zucchini
250 g Auberginen
etwas Zitronensaft, Salz
250 g rote Zwiebeln
250 g Staudensellerie
25 g Kapern
8 EL Olivenöl
2–3 EL Weißwein- oder Rotweinessig
1 TL Honig oder Zucker
250 g Kirschtomaten
50 g schwarze oder grüne Oliven
2–3 EL Basilikumblätter
2 EL Pinienkerne

40 Minuten

1 Von Zucchini und Auberginen den Stiel- bzw. Blütenansatz abschneiden. Die Früchte waschen, je nach Größe halbieren oder vierteln und in 1 Zentimeter dicke Scheiben schneiden. Die Auberginenscheiben mit etwas Zitronensaft beträufeln.

2 Zucchini und Auberginen mit Salz bestreuen und etwa 15 Minuten ziehen lassen.

3 Die Zwiebeln abziehen, halbieren und in feine Streifen schneiden. Den Staudensellerie waschen, putzen und in Scheiben schneiden. Die Kapern abtropfen lassen.

4 2 bis 3 Esslöffel Öl in einer Pfanne erhitzen und die Zwiebeln darin in etwa 5 Minuten hellbraun anbraten. Das restliche Öl und das Gemüse dazugeben, einige Minuten unter Rühren dünsten und zugedeckt bei niedriger Hitze in etwa 10 Minuten bissfest garen. Essig, Honig oder Zucker und die Kapern unterrühren und alles in einer Salatschüssel lauwarm abkühlen lassen.

5 Die Tomaten waschen, halbieren und unter den Salat mischen. Die Oliven halbieren und entsteinen, das Basilikum waschen und trockenschwenken und beides mit dem Salat mischen. Die Pinienkerne in einer fettfreien Pfanne unter Wenden in etwa 3 Minuten goldbraun rösten und über den Salat streuen.

Tipp der Köchin

Dieser saftige Salat schmeckt lauwarm oder kalt. Zusammen mit knusprigem Baguette können Sie ihn als Vorspeise oder als kleines Abendessen servieren, er eignet sich aber auch als Beilage zu Fleisch- oder Fischgerichten.

Schnell zubereitet

Lauwarmer Zucchinisalat mit Pilzen

Für 4 Portionen

- 500 g Zucchini
- Salz
- 200 g Champignons
- 1 rote Paprikaschote
- 1 kleine Stange Porree
- 6 EL Olivenöl
- 2 TL Apfelessig
- 2 TL Balsamicoessig
- frisch gemahlener bunter Pfeffer
- 1 Bund glatte Petersilie

20 Minuten

1 Die Zucchini waschen, putzen, in dünne Scheiben schneiden und salzen. Die Pilze putzen und in Scheiben schneiden. Die Paprikaschote waschen, Stiel und Kerne entfernen und fein hacken. Den Porree putzen, in dünne Ringe schneiden und waschen.

2 Die Hälfte des Öls erhitzen. Das Gemüse darin 1 bis 2 Minuten unter Rühren dünsten und 5 Minuten bei schwacher Hitze schmoren.

3 Das Gemüse mit Essig, dem restlichen Öl, Pfeffer und Salz würzen. Die Petersilie waschen, hacken und zum Salat geben.

Ob lauwarm oder kalt – mit ein paar Scheiben frischem Baguette ist der lauwarme Zucchinisalat mit Pilzen ein Hochgenuss.

Tipp der Köchin

Gedünstete Gemüsesalate sind leicht verdaulich und eignen sich deshalb besonders gut als Abendessen.

Original verpackte Oliven sind auch ungekühlt etwa ein Jahr haltbar. Wenn Sie Oliven offen kaufen, sollten Sie sie in einem luftdicht verschlossenen Behälter im Kühlschrank aufbewahren.

Raffiniert

Gebratene Zucchinischeiben mit Tomaten-Oliven-Sauce

Für 4 Portionen

2 mittelgroße Zucchini (500 g)
Salz
6 EL Olivenöl
Sauce:
400 g reife Tomaten
50 g schwarze oder braune Oliven
1 TL Thymianblättchen
Salz
1 Prise Zucker
frisch gemahlener bunter Pfeffer
2 Knoblauchzehen
4 Stängel Basilikum oder glatte Petersilie

30 Minuten

1 Die Zucchini waschen und die Stielansätze entfernen. Das Fruchtfleisch der Länge nach in etwa 5 Millimeter dicke Scheiben schneiden und leicht salzen.

2 In einer weiten Pfanne 2 Esslöffel Olivenöl erhitzen und die Zucchinischeiben darin auf beiden Seiten goldbraun braten. Das Gemüse herausnehmen, auf Küchenpapier etwas abtropfen lassen und dekorativ auf vier Tellern verteilen.

3 Die Tomaten mit kochendem Wasser überbrühen und häuten. Die Früchte halbieren und dabei den Stielansatz herausschneiden. Das Fruchtfleisch fein würfeln. Die Oliven, wenn nötig, entsteinen und fein hacken.

4 Tomatenwürfel und Oliven mit den Thymianblättchen, 1 Prise Salz, Zucker und Pfeffer würzen und mit 2 Esslöffeln Olivenöl verrühren. Die Tomatensauce auf den Zucchinischeiben verteilen.

5 Die Knoblauchzehen abziehen und in sehr feine Scheiben schneiden. 2 Esslöffel Öl erhitzen, den Knoblauch darin in 1 bis 2 Minuten goldbraun braten und über den Zucchinischeiben verteilen. Basilikum oder Petersilie waschen und trockenschwenken. Die Blätter von den Stängeln zupfen, grob hacken und darüber streuen.

Tipp der Köchin

Wenn Sie gerade keine frischen Tomaten im Haus haben, können Sie die Tomatensauce auch aus fertigem Tomatenpüree oder geschälten Tomaten aus der Dose oder dem Tetrapak zubereiten. Nach Belieben können Sie außerdem noch geröstete Pinien- oder Sonnenblumenkerne über diese feine Vorspeise streuen.

Ganz einfach

Zucchini mit Weinzwiebeln und Sardinen

Für 4 Portionen

2 mittelgroße Zucchini
2 EL Olivenöl
2 Zwiebeln
1/8 l Weißwein
2 TL Balsamicoessig
Salz
Pfeffer
4 Stängel glatte Petersilie
1 Dose Ölsardinen (etwa 100 g)
1 unbehandelte Zitrone

20 Minuten

1 Die Zucchini waschen, den Stielansatz entfernen und das Gemüse der Länge nach in dünne Scheiben schneiden. In einer beschichteten Pfanne etwas Öl erhitzen. Die Zucchinischeiben darin auf beiden Seiten bei mittlerer Temperatur goldbraun braten, herausnehmen, abtropfen lassen und fächerartig auf vier Tellern verteilen.

2 Die Zwiebeln abziehen und in dünne Ringe schneiden. In derselben Pfanne noch etwas Öl erhitzen. Die Zwiebelringe darin glasig anbraten und den Wein angießen. Das Gemüse zugedeckt bei mittlerer Temperatur etwa 5 Minuten dünsten, mit dem Balsamicoessig ablöschen und mit Salz und Pfeffer würzen.

3 Die Petersilie waschen und trockenschwenken. Die Blätter von den Stielen zupfen und fein hacken.

4 Das Zwiebelgemüse auf den Zucchinischeiben verteilen. Die Sardinen aus der Dose nehmen, abtropfen lassen, längs halbieren und dekorativ über die Zwiebeln legen.

5 Die Zitrone heiß abwaschen und etwa 1 Teelöffel Schale dünn abreiben. Zitronenschale und gehackte Petersilie über Zucchini und Sardinen streuen. 4 hauchdünne Zitronenscheiben abschneiden und jeden Teller mit 1 Zitronenscheibe dekorieren. Nach Belieben noch etwas Sardinenöl über das Gemüse träufeln und ein knuspriges Baguette dazu servieren.

Tipp der Köchin

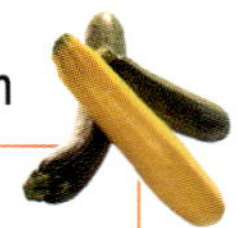

Eine raffinierte, schnelle Vorspeise oder ein kleines Abendessen, das wenig Arbeit macht. Statt der Sardinen können Sie auch Thunfisch verwenden.

Anstelle der Lachsscheiben können Sie auch Schinken- oder Käsescheiben verwenden. Besonders raffiniert schmecken die Zucchiniröllchen mit Scampi oder Riesengarnelen.

Für Gäste

Zucchini-Lachs-Röllchen

Für 4 Portionen

- 2 mittelgroße Zucchini
- Salz
- 2 EL Olivenöl
- 4 Zweige Dill
- 100 g Räucherlachs in Scheiben

15 Minuten

1 Die Zucchini waschen, putzen, längs in 5 Millimeter dicke Scheiben schneiden und leicht salzen. Das Öl erhitzen und die Zucchinischeiben darin von beiden Seiten bei mittlerer Hitze goldgelb braten, bis sie gerade eben weich sind.

2 Die Zucchinischeiben nebeneinander auf Küchenpapier abtropfen lassen. Den Dill waschen und trockenschwenken. Einige Spitzen abzupfen und auf den Zucchini verteilen. Die Lachsscheiben auf die Breite der Zucchini zurechtschneiden und auf die Zucchinischeiben legen. Die Zucchini aufrollen und mit Zahnstochern fixieren. Die restlichen Dillzweige in die Röllchen stecken.

Dekorativ wirken die Zucchini-Lachs-Röllchen auf kalten oder warmen Büfetts.

Geht schnell

Ziegenkäseröllchen

Für 4 Portionen

- 2 mittelgroße Zucchini, Salz
- 2 EL Olivenöl
- 1 EL Basilikumblättchen
- 8 Rucolablättchen
- 100 g Ziegenfrischkäse
- 1–2 EL Joghurt, 8 Salatblätter

20 Minuten

1 Die Zucchini waschen, putzen, längs in 5 Millimeter dicke Scheiben schneiden und leicht salzen. Das Öl erhitzen und die Zucchinischeiben darin von beiden Seiten bei mittlerer Hitze goldgelb braten, bis sie gerade eben weich sind.

2 Die Scheiben nebeneinander auf Küchenpapier legen. Basilikum und Rucola waschen, trockentupfen, fein schneiden und mit dem Käse verrühren. Den Joghurt unterrühren.

3 Die Salatblätter waschen, trocknen und auf vier Teller verteilen. Die Käsecreme auf die Zucchinischeiben streichen. Die Zucchini aufrollen, mit Zahnstochern fixieren und auf die Salatblätter setzen.

Tipp der Köchin

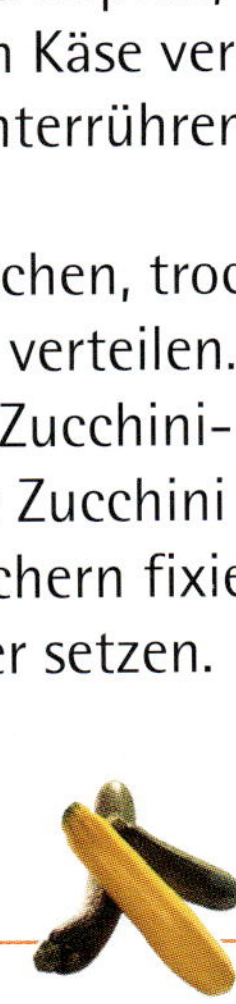

Statt Basilikum und Rucola können Sie auch Schnittlauch, Dill oder Petersilie verwenden.

Sehr fein

Zucchini-Tomaten-Sülze mit Thunfisch

Für 4 Portionen

1 Päckchen Gelatinepulver (9 g)
300 g Zucchini
1/2 l Gemüsebrühe
1 Tasse (100 g) TK-Erbsen
4 Stängel Petersilie
(oder 1 Bund Schnittlauch)
Salz
1 Prise Currypulver
150 g Kirschtomaten
100 g weißer Thunfisch, in Öl eingelegt (oder gekochter Schinken)

Sauce:

1 Becher Joghurt
4–6 TL Dijonsenf
Salz
Zucker

30 Minuten
120 Minuten Kühlzeit

1 Die Gelatine mit 1/2 Tasse kaltem Wasser verrühren und quellen lassen. Inzwischen die Zucchini waschen, putzen und klein würfeln. Die Gemüsebrühe erhitzen und die Zucchini darin in 5 bis 7 Minuten bissfest garen. Nach 3 Minuten die Erbsen dazu geben.

2 Die Kräuter waschen, trockenschwenken, fein hacken und in die Brühe geben. Alles mit Salz und Curry abschmecken. Die gequollene Gelatine in die Gemüsebrühe geben und unter Rühren darin auflösen.

3 Die Tomaten waschen, halbieren und je 4 bis 5 Hälften mit der Rundung nach unten in vier Schälchen legen. Die Gemüsemasse darüber verteilen. Den Thunfisch abtropfen lassen und zerpflücken bzw. den Schinken fein schneiden und mit den restlichen Tomaten in der Brühe verteilen. Die Sülze in den Kühlschrank stellen und in etwa 2 Stunden fest werden lassen.

4 Für die Sauce den Joghurt mit dem Senf verrühren und mit Salz und Zucker abschmecken. Vor dem Servieren die Schälchen mit der Sülze kurz in heißes Wasser tauchen. Den Rand mit einem Messer lösen und die Sülze auf vier Teller stürzen. Die Joghurt-Senf-Sauce dazu servieren. Zu dieser Gemüsesülze passt ein gemischter Blattsalat sehr gut.

Tipp der Köchin

Statt der gemahlenen Gelatine können Sie auch 1 Päckchen Blattgelatine (= 6 Blätter) nehmen, die Sie etwa 5 Minuten in kaltem Wasser einweichen und dann gut ausgedrückt in die heiße Brühe einrühren. Und anstelle von Thunfisch oder Schinken können Sie auch hart gekochte Eier verwenden.

Schnell zubereitet

Zucchinischeiben mit Gorgonzola

Für 4 Portionen
1 mittelgroßer Zucchino
2 EL Olivenöl
50 g Gorgonzola

20 Minuten

1 Den Zucchino waschen, putzen und schräg in etwa 5 Millimeter dicke Scheiben schneiden.

2 Das Olivenöl in einer weiten Pfanne erhitzen und die Zucchinischeiben darin von beiden Seiten goldbraun braten.

3 Den Käse würfeln oder in Streifen schneiden und über die Zucchinischeiben legen. Die Pfanne zudecken und den Käse in 5 Minuten bei kleiner Hitze schmelzen lassen.

Tipp der Köchin

Mit Gorgonzola oder einem anderen aromatischen Käse können Sie auch ein Zucchinigemüse würzen, da der Käse ideal mit dem milden Zucchinigeschmack harmoniert.

Völlig unkompliziert, aber unschlagbar im Geschmack: knusprige Zucchinischeiben mit geschmolzenem Gorgonzola.

Die Kombination aus Zucchini und rotem Gemüse wie Tomaten oder roten Paprikaschoten ist nicht nur ein optischer Genuss, denn die in diesem Gemüse enthaltenen Biostoffe ergänzen einander auf optimale Weise.

Für Gäste

Zucchini-Mozzarella-Päckchen

Für 4 Portionen

- 1 mittelgroßer, schlanker Zucchino (etwa 300 g)
- Salz
- frisch gemahlener bunter Pfeffer
- 16 Basilikumblätter
- 1 Bund Schnittlauch
- 100–150 g Kirschtomaten
- 150 g Mozzarella
- Zahnstocher oder Schnittlauch zum Fixieren
- 1 kleine Chilischote
- 1 Knoblauchzehe
- 1 TL Balsamicoessig
- 1 Tasse Olivenöl

20 Minuten
2 Stunden Marinierzeit

1 Den Zucchino waschen und den Stielansatz abschneiden. Mit einem Sparschäler dünne Längsscheiben abschneiden. Jeweils 2 Scheiben aneinanderlegen, so dass sie sich etwas überlappen, leicht salzen und pfeffern. Die Basilikumblätter und den Schnittlauch waschen und trockenschwenken. Die Tomaten waschen und abtropfen lassen.

2 Den Mozzarella abtropfen lassen und in 8 bis 12 Würfel schneiden. Jeweils 1 Käsewürfel, 1 Basilikumblatt und 1 Tomate auf die Zucchinischeiben legen. Die Scheiben zusammenrollen und mit Zahnstochern zusammenstecken oder mit Schnittlauchhalmen zusammenbinden.

3 Die Käsepäckchen in eine kleine Schale setzen. Die Chilischote waschen und fein hacken. Die Knoblauchzehe abziehen, fein hacken und zusammen mit Chilistückchen, Salz, Pfeffer und Essig in das Öl einrühren. Das Öl über die Päckchen träufeln und zugedeckt mindestens 2 Stunden ziehen lassen.

Appetitliche Häppchen aus Mozzarellawürfeln, Zucchinischeiben und kleinen Kirschtomaten laden zum Zugreifen ein.

Tipp der Köchin

Diese Zucchinipäckchen sind eine raffinierte Vorspeise, die sehr gut 1 bis 2 Tage im Voraus zubereitet werden kann. Das Kräuteröl können Sie anschließend für eine Salatmarinade verwenden. Wenn Sie es lieber etwas kräftiger mögen, nehmen Sie statt des milden Mozzarellas die gleiche Menge würzigen Ziegen- oder Schafskäse. Dazu schmecken auch sehr gut getrocknete, eingelegte Tomaten.

Raffiniert

Gefüllte Zucchiniblüten

Anchovis werden überwiegend in Gläsern oder Dosen, in Salzlake oder Öl eingelegt, angeboten.

Für 4 Portionen

- 4 Minizucchini mit (weiblichen) Blüten
- 2 TL Zitronensaft
- Salz
- 4 EL Olivenöl
- 1/2 rote Paprikaschote
- 4 Stängel Basilikum oder Dill
- 1 Knoblauchzehe
- 100 g Ziegenfrischkäse
- 1–2 Anchovisfilets
- frisch gemahlener bunter Pfeffer

Zucchiniblüten gibt es im Sommer in gut sortierten Gemüsegeschäften oder – noch besser – frisch geerntet aus dem eigenen oder vielleicht auch aus Nachbars Gemüsegarten.

30 Minuten

1 Die Zucchiniblüten abtrennen, vorsichtig waschen und die Blütenstempel behutsam entfernen. Von den Zucchini die Stielansätze entfernen. Die Früchte waschen, trocknen und in hauchfeine Scheiben schneiden. Zitronensaft, Salz und 2 Esslöffel Öl vermischen, darüber gießen und die Zucchini ziehen lassen.

2 Die Paprikaschote waschen, Stielansatz und Kerne entfernen und das Fruchtfleisch sehr fein würfeln. Die Würfel in 2 Esslöffel Öl bei schwacher Hitze zugedeckt 5 bis 7 Minuten dünsten.

3 Die Kräuter waschen, trockenschwenken und bis auf einen kleinen Rest fein hacken. Die Knoblauchzehe abziehen und in den Ziegenkäse pressen. Die Anchovis fein würfeln und mit den gehackten Kräutern und den Paprikawürfeln unter den Ziegenkäse rühren. Alles mit Salz und Pfeffer abschmecken.

4 Die Käsemasse mit einem kleinen Löffel vorsichtig in die Blüten füllen. Die Blüten mit den Zucchinischeiben und den restlichen Kräutern garniert anrichten.

Tipp der Köchin

Wenn Sie es lieber etwas milder mögen, nehmen Sie einfach einen »normalen« Frischkäse. Ziegenfrischkäse, den Sie in gut sortierten Supermärkten oder im Feinkostgeschäft finden, wird übrigens auf die gleiche Weise hergestellt wie Frischkäse aus Kuhmilch. Er enthält zwar mehr Fett als dieser, dafür aber weniger Cholesterin.

Ganz einfach

Gegrillte Kräuterzucchini

Für 4 Portionen

8–10 EL Olivenöl
je 2 TL Thymian, Oregano und Rosmarin, frisch oder getrocknet
500 g mittelgroße Zucchini
Salz, bunter Pfeffer

30 Minuten

1 Ein Backblech mit dem Öl bestreichen und mit der Hälfte der Kräuter bestreuen. Den Backofen auf 220 °C (Umluft 200 °C, Gas Stufe 4–5) vorheizen.

2 Die Zucchini waschen, putzen, längs in etwas dickere Scheiben schneiden und salzen. Nebeneinander in die Kräuter-Öl-Mischung auf das Blech legen, pfeffern und die restlichen Kräuter darüber streuen.

3 Das Gemüse auf der mittleren Schiene im Backofen 20 bis 25 Minuten backen, dabei aber nicht zu weich werden lassen.

Tipp der Köchin

Dieses Rezept lässt sich problemlos auch in größeren Mengen zubereiten.

Aus den gegrillten Kräuterzucchini wird mit ein paar Paprikastreifen und einigen Pilzen ein herrlicher Vorspeisenteller.

Das Zucchinichutney können Sie gekühlt 2 bis 3 Monate aufbewahren. Die süßsauren Zucchini sind im Kühlschrank etwa 3 Wochen haltbar.

Sehr fein

Zucchinichutney

Für 4 Gläser à 0,35 Liter

1 kg gelbe und grüne Zucchini
10 Knoblauchzehen
5 cm frische Ingwerwurzel
2–3 EL Olivenöl
1 TL Korianderkörner, Salz
4 Chilischoten
200 ml Obst- oder Weinessig
400 g brauner Zucker, 1 Apfel

40 Minuten

1 Die Zucchini waschen, trocknen, putzen und in Scheiben schneiden. Den Knoblauch abziehen und in feine Scheiben schneiden. Den Ingwer schälen und fein würfeln.

2 Das Olivenöl erhitzen und Knoblauch und Ingwer kurz darin anbraten. Die Zucchini zugeben und alles 5 Minuten dünsten. Den Koriander mit einem Messerrücken zerdrücken, zufügen und salzen. Die Chilischoten hacken und zugeben. Essig und Zucker einrühren.

3 Den Apfel schälen, würfeln und untermischen. Alles etwa 20 Minuten offen kochen, bis die Flüssigkeit verdampft ist. Das Chutney in heiß ausgespülte Schraubdeckelgläser füllen, verschließen und kühlen.

Lässt sich vorbereiten

Süßsaure Zucchini

Für 4 bis 5 Gläser à 0,5 Liter

1/2 l Obst- oder Weinessig
250 g Zucker
1 unbehandelte Zitrone
5 cm frische Ingwerwurzel
1 Stange Zimt
1 TL Pfeffer- und Pimentkörner
1 1/2 kg Zucchini
2 TL Salz

40 Minuten

1 Essig, 1/2 Liter Wasser und Zucker kochen, bis sich der Zucker aufgelöst hat. Die Zitrone waschen, die Schale dünn abschälen, in Streifen schneiden und zugeben. Den Ingwer schälen, fein würfeln und unterrühren. Zimtstange, Pfeffer- und Pimentkörner zugeben und alles etwa 10 Minuten kochen.

2 Die Zucchini waschen, trocknen, Stiel- und Blütenansätze entfernen, in 1 Zentimeter dicke Scheiben schneiden oder grob würfeln und mit dem Salz vermischen. Das Gemüse in den Sud geben, bei schwacher Hitze weitere 10 Minuten kochen, vom Herd nehmen und 1 bis 2 Stunden ziehen lassen.

3 Die Gläser heiß ausspülen und die Zucchini mit einem Schaumlöffel in den Gläsern verteilen. Den restlichen Sirup etwas einkochen lassen, über das Gemüse gießen und die Gläser sofort verschließen.

Ganz einfach

Eingelegte Kräuterzucchini

Für 2 Gläser à 0,5 Liter

1 kg Zucchini, Salz
4 Zweige frischer Rosmarin oder Thymian
1/4 l Olivenöl
frisch gemahlener Pfeffer

40 Minuten

1 Die Zucchini mit kaltem Wasser waschen, trocknen und Stiel- und Blütenansätze entfernen. Das Fruchtfleisch in 1 Zentimeter dicke Scheiben schneiden und leicht salzen.

2 Die Rosmarinnadeln oder Thymianblätter von den Stielen streifen und in einer weiten Pfanne mit 3 bis 4 Esslöffeln Olivenöl erhitzen. Die Zucchinischeiben zugeben, unter häufigem Wenden etwa 5 Minuten dünsten und mit Pfeffer abschmecken.

3 Die Zucchinischeiben in saubere, heiß ausgespülte Schraubdeckelgläser schichten. Das restliche Olivenöl darüber gießen und dabei die Zucchini mit einem Löffel leicht eindrücken, bis sie vollständig mit Öl bedeckt sind. Die Gläser gut verschließen und im Kühlschrank aufbewahren.

Eingelegte Kräuterzucchini können Sie im Kühlschrank bis zu 2 Wochen aufbewahren, wenn sie gut verschlossen und vollständig mit Öl bedeckt sind.

Aus Topf oder Pfanne

Man nehme ein paar knackige Zucchini, aromatische Kräuter und Gewürze, frisches Gemüse, Zwiebeln und Knoblauch – und schon lassen sich von der Suppe über feine Beilagen bis hin zu Gebratenem aus der Pfanne die köstlichsten Gerichte zubereiten – mal exotisch, wie das Zucchini-Linsen-Curry oder die chinesische Gemüsepfanne, mal mediterran wie der Gemüsetopf und mal einheimisch-raffiniert wie das feine Zucchinipüree oder die knusprigen Zucchini-Möhren-Küchlein mit aromatischer Kräutersauce.

Vegetarisch

Zucchini-Kartoffel-Suppe

Statt mit Kartoffeln können Sie die Suppe auch mit 150 Gramm Grieß andicken, den Sie einfach zusammen mit den Zucchini 10 Minuten vor Ende der Garzeit in die Suppe einrühren.

Für 4 Portionen

- 1 große Zwiebel
- 1 Knoblauchzehe
- 40 g Butter
- 500 g mehlig kochende Kartoffeln
- 500 g Zucchini
- 1 kleine Stange Porree
- 1 Prise Muskat
- 1 Prise Currypulver
- 2 Gemüsebrühwürfel
- frisch gemahlener bunter Pfeffer
- Salz
- 1 Bund Petersilie oder Schnittlauch
- 100 g Sahne
- 4 Zucchiniblüten

30 Minuten

1 Die Zwiebel und die Knoblauchzehe abziehen, beides fein hacken und in heißer Butter glasig dünsten. 1 1/4 Liter Wasser zum Kochen bringen.

2 Die Kartoffeln schälen, waschen, in feine Streifen hobeln oder mittelgrob raspeln und in das kochende Wasser geben. Die Suppe etwa 10 Minuten zugedeckt kochen, dabei gelegentlich umrühren.

3 Die Zucchini waschen, den Stielansatz entfernen und das Fruchtfleisch in feine Streifen hobeln oder mittelgrob raspeln. Den Porree putzen, längs durchschneiden, gründlich waschen und in feine Streifen schneiden.

4 Zucchini, Porree, Zwiebeln und Knoblauchwürfel in die Suppe geben und bei geringer Hitze etwa 5 Minuten kochen. Die Suppe mit Muskat, Curry, Brühwürfeln, Pfeffer und Salz würzen.

5 Die Kräuter waschen, trockenschwenken und fein hacken bzw. in feine Röllchen schneiden. Sahne und Kräuter in die Suppe einrühren und alles nochmals abschmecken.

6 Die Zucchiniblüten waschen und Staubgefäße und Stielansätze entfernen. Die Blüten in Streifen schneiden und die Suppe damit garnieren. Reichen Sie dazu herzhaftes Bauernbrot, und stellen Sie ein Schälchen mit Croûtons auf den Tisch.

Tipp der Köchin

Sehr gut schmeckt auch geriebener Käse in der Suppe. Wenn Sie es herzhaft mögen, können Sie zum Schluss noch etwas fein gewürfelten, ausgelassenen Speck über die Suppe streuen.

Ganz einfach

Zucchini-Nudel-Suppe

Für 4 Portionen
1 Zwiebel, 1 Knoblauchzehe
20 g Butter
4 TL Instant-Gemüsebrühe
2 Möhren
250 g Suppennudeln
200 g Zucchini
Salz, Muskat
1 Bund Schnittlauch

20 Minuten

1 Zwiebel und Knoblauch abziehen, fein würfeln und in der Butter glasig dünsten. Mit 1 1/2 Liter Wasser ablöschen und die Gemüsebrühe zufügen.

2 Die Möhren waschen, schälen, in feine Streifen oder kleine Würfel schneiden und in die Brühe geben. Die Nudeln einstreuen und alles 5 bis 7 Minuten kochen.

3 Die Zucchini waschen, putzen, in feine Streifen schneiden oder hobeln, zugeben und 4 bis 5 Minuten mitgaren. Alles mit Salz und Muskat abschmecken.

4 Den Schnittlauch waschen, schneiden und darüber streuen.

Eine klare Gemüsesuppe mit Zucchini, Möhren und Nudeln schmeckt einfach immer.

Tipp der Köchin

Statt mit Nudeln können Sie die Suppe auch mit Reis oder Hirse zubereiten, die allerdings eine längere Garzeit haben.

Lässt sich vorbereiten

Kalte Zucchinisuppe mit Knoblauchchips

Grüne, weiße und schwarze Pfefferkörner kommen von derselben Pflanze, werden aber in unterschiedlichen Reifestadien geerntet. Roter oder rosafarbener Pfeffer entstammt dagegen einer anderen Pfefferfamilie und hat auch einen etwas beißenderen Geschmack.

Für 4 Portionen

500 g Zucchini
4 Frühlingszwiebeln oder
1 Stange Porree
2 große Knoblauchzehen
4 EL Olivenöl
1/2 l Gemüsebrühe
200 g Sahne
Salz
frisch gemahlener bunter Pfeffer
4 Stängel Dill, Basilikum oder Minze
100 g Kirschtomaten

30 Minuten

1 Die Zucchini waschen, den Stielansatz entfernen und das Fruchtfleisch in dünne Scheiben hobeln.

2 Die Frühlingszwiebeln oder den Porree waschen, putzen und in feine Ringe schneiden. Die Knoblauchzehen abziehen.

3 Das Öl in einer weiten Pfanne erhitzen.

4 Die Knoblauchzehen portionsweise in feinen Scheiben direkt in das heiße Öl hobeln, in 2 bis 3 Minuten goldbraun braten, herausnehmen und auf Küchenpapier gut abtropfen lassen.

5 Zucchini und Frühlingszwiebeln in das Knoblauchöl geben und unter Rühren kurz darin anbraten. Das Gemüse mit der Gemüsebrühe ablöschen und zugedeckt etwa 10 Minuten kochen.

6 Die Suppe mit dem Stabmixer pürieren. Die Sahne langsam einrühren, die Suppe mit Salz und Pfeffer abschmecken und abkühlen lassen.

7 Die Kräuter waschen, die Blätter von den Stängeln zupfen, trockenschwenken und fein schneiden. Die Kirschtomaten waschen, trockenreiben und halbieren.

8 Die Suppe auf vier Teller verteilen und mit Tomaten und Knoblauchchips garnieren. Die Kräuter darüber streuen.

Tipp der Köchin

Kalte Suppen wie diese eignen sich gut für heiße Sommertage, denn sie sind erfrischend, leicht und fettarm zugleich. Die Suppe schmeckt aber auch warm sehr gut! Mit einigen Spritzern Tabasco bekommt sie eine leicht pikante Note.

Vegetarisch

Mediterraner Gemüsetopf (Ratatouille)

Für 4 Portionen

250 g Zucchini
250 g Auberginen
Salz
2 große Zwiebeln
4 EL Olivenöl
1 rote oder gelbe Paprikaschote
250 g Tomaten
2 Knoblauchzehen
frisch gemahlener bunter Pfeffer
1 Bund glatte Petersilie oder Basilikum
2 EL Pinienkerne

40 Minuten

1 Zucchini und Auberginen waschen und Stielansätze entfernen. Das Gemüse längs in 5 Millimeter dicke Scheiben schneiden, die Scheiben leicht salzen und etwa 15 Minuten ziehen lassen.

2 Die Zwiebeln abziehen, halbieren und in feine Scheiben schneiden. Die Hälfte des Öls in einer Pfanne oder Kasserolle erhitzen und die Zwiebeln darin in etwa 5 Minuten hellbraun anbraten.

3 Die Paprikaschote waschen, Stielansatz und Kerne entfernen und das Fruchtfleisch in 5 Millimeter breite Streifen schneiden. Die Auberginenscheiben würfeln, zu den Zwiebeln geben und einige Minuten mitbraten. Zucchinischeiben und Paprikastreifen zufügen, 1 Tasse Wasser angießen und das Gemüse bei niedriger Hitze zugedeckt in 5 bis 7 Minuten bissfest garen. Die Tomaten waschen und für einige Minuten auf das Gemüse setzen, damit sich die Haut besser abziehen lässt.

4 Die Tomaten herausnehmen, mit kaltem Wasser abschrecken und häuten. Den Stielansatz entfernen und das Fruchtfleisch würfeln. Die Knoblauchzehen abziehen und fein hacken. Tomaten- und Knoblauchwürfel zum Gemüse geben und alles weitere 3 bis 4 Minuten dünsten.

5 Das Gemüse mit Salz und Pfeffer abschmecken. Die Kräuter waschen, trockenschwenken, grob hacken und unter die Ratatouille mischen. Die Pinienkerne ohne Zugabe von Fett in einer Pfanne in etwa 3 Minuten goldbraun rösten und über das Gemüse streuen.

Knoblauch ist bei uns in den letzten Jahrzehnten immer beliebter geworden. Um eine »Knoblauchfahne« zu vermeiden, können Sie die Knoblauchzehen in vielen Gerichten auch ungeschält mitgaren.

Tipp der Köchin

Dieses saftige Gemüse mit seiner optimalen Vitamin- und Mineralstoffkombination schmeckt warm oder kalt, als Vorspeise oder als Beilage. Sie können auch gleich die doppelte Menge zubereiten und eine Hälfte warm servieren. Den Rest können Sie mit etwas Balsamicoessig anmachen und am nächsten Tag als Gemüsesalat genießen.

Lässt sich vorbereiten

Zucchini-Möhren-Küchlein mit Kräutersauce

Die schnell zubereiteten Gemüseküchlein schmecken sehr gut zu einem frischen Rohkostsalat, zu buntem Saisongemüse oder als Beilage zu kurz gebratenem Fleisch oder Fisch. Sie eignen sich auch bestens zum Mitnehmen für unterwegs.

Für alle Liebhaber der fleischlosen Bratlinge sind diese Küchlein aus Zucchini und Möhren genau richtig.

Für 4 Portionen

4 Eier
40 g Emmentaler oder Pecorino
150 g Mehl
Salz
frisch gemahlener bunter Pfeffer
1 Prise Currypulver
1 Prise Muskat
1 große Zwiebel
300 g Zucchini
200 g Möhren
1 Bund Petersilie
Butterschmalz zum Braten

Sauce:

1 Bund Dill oder Schnittlauch
1 Stück Salatgurke
2 Becher Joghurt (3,5%)
Salz, Pfeffer

30 Minuten

1 Die Eier in einer Schüssel aufschlagen und den Käse dazu reiben. Mehl, Salz, Pfeffer, Curry und Muskat zufügen und alles gut verrühren.

2 Die Zwiebel abziehen und fein würfeln.

3 Die Zucchini waschen, die Stielansätze entfernen und das Fruchtfleisch in feine Stifte schneiden. Die Möhren putzen, schaben oder dünn schälen und fein raspeln. Die Petersilie waschen, die Blätter von den Stängeln zupfen, trockenschwenken und fein hacken. Gemüse und Petersilie in die Eier-Käse-Masse rühren.

4 In einer beschichteten Pfanne Butterschmalz erhitzen. Mit einem Esslöffel kleine Portionen von der Masse abstechen, in die Pfanne geben und etwas flach drücken. Die Küchlein zugedeckt bei schwacher bis mittlerer Hitze etwa 5 Minuten auf einer Seite braten. Den Deckel abnehmen, die Küchlein wenden und offen noch etwa 5 Minuten weiterbraten.

5 Für die Sauce den Dill oder den Schnittlauch waschen, trockenschwenken und fein schneiden. Die Salatgurke waschen, schälen und fein würfeln.

6 Den Joghurt mit den Kräutern und den Gurkenstückchen verrühren und mit Salz und Pfeffer abschmecken. Die Sauce zu den Zucchiniküchlein servieren.

Tipp der Köchin

Diese vielseitige Joghurtsauce passt auch gut als Dip für eine Rohkostplatte oder zu Fleisch-, Getreide- oder Kartoffelgerichten.

Vegetarisch

Chinesische Gemüsepfanne

Bambussprossen werden bei uns meist im eigenen Saft eingelegt als Konserve angeboten. Übrig gebliebene Sprossen können Sie mit frischem Wasser bedeckt gut verschlossen einige Tage im Kühlschrank aufbewahren, sollten das Wasser aber spätestens alle zwei Tage erneuern.

Für 4 Portionen

2 Möhren
1 Stange Staudensellerie
200 g Champignons
1 rote Paprikaschote
300 g Zucchini
100 g Sojabohnensprossen oder geschnittene Bambussprossen (Dose)
2 Knoblauchzehen
ca. 4 cm frische Ingwerwurzel
8 EL Öl
4 EL Sherry
4–6 EL Sojasauce
Salz
frisch gemahlener bunter Pfeffer
1 Prise Zucker

30 Minuten

1 Die Möhren waschen, schaben oder dünn schälen und in sehr feine Scheiben oder Stifte schneiden oder hobeln. Den Staudensellerie waschen, abziehen und in feine Ringe schneiden. Die Pilze, wenn nötig, kurz abbrausen, trockentupfen, putzen und in Scheiben schneiden.

2 Die Paprikaschote waschen, Stielansatz und Kerne entfernen und das Fruchtfleisch in Streifen schneiden.

3 Die Zucchini waschen, die Stielansätze entfernen und das Fruchtfleisch in 5 Millimeter dicke Scheiben schneiden. Die Bohnen- oder Bambussprossen in einem Sieb abtropfen lassen.

4 Die Knoblauchzehen abziehen, den Ingwer schälen und beides fein hacken. In einem Wok oder einer großen Pfanne das Öl erhitzen und Knoblauch und Ingwer kurz darin anbraten.

5 Möhren, Sellerie und Bohnen- oder Bambussprossen dazugeben und etwa 5 Minuten bei mittlerer Hitze unter Rühren schmoren. Pilze und Paprika zugeben und alles unter Rühren weitere 2 bis 3 Minuten braten.

6 Die Zucchini zufügen und alles zusammen noch 3 bis 4 Minuten schmoren lassen. Das Gemüse mit Sherry und Sojasauce ablöschen und mit Salz, Pfeffer und Zucker abschmecken.

Tipp der Köchin

Wenn Sie die Sauce etwas sämiger mögen, rühren Sie noch 1 Teelöffel mit kaltem Wasser verrührte Speisestärke in die Sauce und lassen alles einmal kurz aufkochen.

Ganz einfach

Zucchini mit Blumenkohl

Für 4 Portionen

1 kleiner Blumenkohl
300 g gelbe Zucchini
1 Zwiebel
1 Knoblauchzehe
ca. 2 cm frische Ingwerwurzel
40 g Butter
1 Prise Currypulver, Salz
1 Bund glatte Petersilie

40 Minuten

1 Den Blumenkohl waschen, putzen, in Röschen zerteilen und den Strunk fein würfeln. Die Zucchini waschen, schälen und in Scheiben schneiden. Zwiebel und Knoblauch abziehen, den Ingwer schälen und alles fein würfeln.

2 Die Butter erhitzen, Zwiebel und Knoblauch darin glasig dünsten. Ingwer und Blumenkohl zugeben, mit Curry und Salz würzen, 1 Tasse Wasser angießen und alles 10 Minuten zugedeckt dünsten.

3 Die Zucchinischeiben zugeben und alles weitere 10 Minuten garen. Die Petersilie waschen und trockenschwenken. Die Blätter abzupfen, fein hacken und untermischen.

Harmonie in Farbe und Geschmack: weiße Blumenkohlröschen und gelbe Zucchinistücke in einer leichten Currysauce.

Tipp der Köchin

Größere Zucchini haben ein festeres Fruchtfleisch, eine dickere Schale und daher auch eine etwas längere Garzeit.

Bei Gemüsepaprika entsprechen Farbe und Geschmack dem jeweiligen Reifegrad bei der Ernte. Die roten, voll ausgereiften Schoten sind aromatischer und süßer als die nicht ganz reif geernteten grünen und gelben Früchte.

Zu Zucchini in der Knusperhülle sind ein frischer Joghurtdip mit Ingwer und ein gemischter Salat fast ein Muss.

Vegetarisch

Zucchinischnitzel mit Joghurtsauce

Für 4 Portionen
150 g Mehl
1 Messerspitze Backpulver
Salz
1 Ei
175–200 ml trockener Weißwein oder Mineralwasser
2 mittelgroße Zucchini (500 g)
Öl zum Braten
Sauce:
1 Stück frische Ingwerwurzel
1 rote Paprikaschote
500 g Naturjoghurt
Salz
frisch gemahlener bunter Pfeffer
2 EL Zitronenmelisse-, Dill- oder Basilikumblättchen

60 Minuten

1 Das Mehl mit dem Backpulver und dem Salz vermischen. Das Ei und den Weißwein oder das Mineralwasser einrühren, bis ein glatter, zähflüssiger Teig entsteht. Den Teig mindestens 20 Minuten quellen lassen.

2 In der Zwischenzeit die Zucchini waschen, Stiel- und Blütenansätze abschneiden und die Früchte längs in 5 Millimeter dicke Scheiben schneiden. Die Scheiben nebeneinander legen und salzen.

3 Für die Sauce den Ingwer waschen, schälen und sehr fein hacken. Die Paprika waschen, Stielansatz und Kerne entfernen und die Schote sehr fein würfeln.

4 Ingwer und Paprika mit dem Joghurt verrühren und die Sauce mit Salz und Pfeffer abschmecken. Die Kräuter waschen, trockenschwenken, fein hacken und zur Sauce geben.

5 In einem hohen Topf mit kleinem Durchmesser oder Wok etwa 1/4 Liter Öl erhitzen. Die Zucchinischeiben einzeln in den Teig tauchen, abtropfen lassen, in das heiße Öl gleiten lassen und in 3 bis 4 Minuten goldbraun frittieren.

6 Die Zucchinischnitzel auf Küchenpapier abtropfen lassen und mit der Sauce servieren.

Tipp der Köchin

Zucchinischnitzel passen gut zu einem knackigen Salat oder zu buntem Gemüse. Zum Frittieren eignen sich Traubenkern-, Maiskeim- oder Sonnenblumenöl sehr gut. Anstelle des Teigs können Sie die Zucchinischeiben auch einfach nur in Ei und Semmelbröseln wenden und in einer beschichteten Pfanne mit weniger Fett braten.

Dieses universale, unkomplizierte Zucchinipüree sollten Sie unbedingt in Ihr Kochrepertoire aufnehmen! Je nach Menge der Flüssigkeit, die Sie zugeben, können Sie das Püree auch als Sauce oder Suppe servieren.

Geht schnell

Zucchinipüree

Für 4 Portionen

800 g Zucchini
300 g Kartoffeln
1/2 l Milch
2 Knoblauchzehen
2 TL Instant-Gemüsebrühe
1 Prise Muskat, Salz
frisch gemahlener bunter Pfeffer
1–2 EL Butter (nach Belieben)

20 Minuten

1 Die Zucchini waschen, putzen und das Fruchtfleisch in einen Topf raspeln. Die Kartoffeln waschen, schälen und über die Zucchini raspeln. Die Milch dazu gießen und alles zum Kochen bringen.

2 Die Knoblauchzehen abziehen und dazu pressen. Alles zusammen etwa 10 Minuten offen kochen, bis die Flüssigkeit etwas reduziert ist.

3 Das Püree mit der gekörnten Brühe, Muskat, Salz und Pfeffer und nach Belieben mit Butter würzen und mit dem Schneebesen unterrühren.

Tipp der Köchin

Mehlig kochende Kartoffelsorten, wie z. B. Irmgard, Aula oder Datura, eignen sich besonders gut für die Zubereitung des Pürees.

Vegetarisch

Zucchini-Linsen-Curry

Für 4 Portionen

150 g kleine Berglinsen
500 g gelbe Zucchini
2 Zwiebeln, 2 Knoblauchzehen
2–3 cm frische Ingwerwurzel
4 EL Öl
4 EL Currypaste oder -pulver
1/8 l Apfelsaft oder Weißwein
2 TL Instant Gemüsebrühe, Salz
2 Tassen TK-Erbsen
Pfeffer
1 Kiwi

30 Minuten

1 Die Linsen verlesen, waschen, mit 1 Liter Wasser zum Kochen bringen und 25 bis 30 Minuten garen. Die Zucchini waschen, putzen und grob würfeln.

2 Zwiebeln und Knoblauch abziehen und fein würfeln. Den Ingwer schälen und in sehr feine Würfel schneiden. Alles in einer weiten Pfanne im heißen Öl anbraten.

3 Zucchiniwürfel zu den Zwiebeln geben. Curry, Apfelsaft und Gemüsebrühe zufügen. Mit Salz würzen und 10 Minuten dünsten.

4 Das Gemüse zu den Linsen geben. Die Erbsen zufügen und 5 Minuten ziehen lassen. Alles mit Salz und Pfeffer abschmecken. Die Kiwi schälen, in Scheiben schneiden und das Curry damit garnieren.

Ganz einfach

Gefüllte Zucchini

Für 4 Portionen

4 mittelgroße Zucchini (1 kg)
2 Zwiebeln
2 Knoblauchzehen
4 EL Olivenöl
etwa 1/8 l Gemüsebrühe
100 g Champignons
50 g Pecorino, frisch gerieben
Salz
frisch gemahlener bunter Pfeffer
Currypulver
1 Bund Petersilie
4 EL Pinienkerne
2 Eier

40 Minuten

1 Die Zucchini waschen, die Stiel- und Blütenansätze entfernen, die Früchte längs halbieren und das Fruchtfleisch mit einem scharfkantigen Löffel herausschaben. Dabei einen etwa 1/2 Zentimeter breiten Rand stehen lassen.

2 Die Zwiebeln und die Knoblauchzehen abziehen und fein würfeln. In einer weiten Pfanne das Öl erhitzen und Zwiebeln und Knoblauch darin goldgelb anbraten.

3 Das Zucchinifruchtfleisch hacken, zu den Zwiebeln geben und die Gemüsebrühe angießen. Alles etwa 5 Minuten dünsten.

4 Die Champignons putzen, fein würfeln und zur Zucchini-Zwiebel-Mischung geben. Alles zusammen noch weitere 2 bis 3 Minuten schmoren. Die Pfanne vom Herd nehmen und das Gemüse leicht abkühlen lassen.

5 Den Backofen auf 200 °C (Umluft 180 °C, Gas Stufe 3–4) vorheizen. Den Pecorino unter das Gemüse mischen und alles mit Salz, Pfeffer und Curry würzen. Die Petersilie waschen, trockentupfen, grob hacken und zusammen mit den Pinienkernen und den Eiern unter das Gemüse rühren. Die Füllung in den ausgehöhlten Zucchinihälften verteilen.

6 Die Zucchinihälften in eine Auflaufform geben, 1 Tasse Wasser auf den Boden der Form gießen und die Zucchini auf der mittleren Schiene des Backofens etwa 30 bis 35 Minuten überbacken.

Tipp der Köchin

Wenn Sie die ausgehöhlten Zucchini mit 1 Tasse Salzwasser einige Minuten vordünsten, verkürzt sich die Garzeit im Backofen auf etwa 20 Minuten.

Zusätzlich können Sie etwa 5 Minuten vor Ende der Garzeit noch je 1 Scheibe Käse über die Zucchinihälften geben und schmelzen lassen.

Butterschmalz ist das reine Butterfett – also Butter, der durch Erhitzen die Molke entzogen wurde. Butterschmalz enthält so gut wie kein Wasser mehr und eignet sich daher sehr viel besser als Butter zum Anbraten von Gemüse und Fleisch.

Sehr fein

Zucchini-Möhren-Gemüse

Für 4 Portionen

500 g Möhren
4 cm frische Ingwerwurzel
2 Knoblauchzehen
3 EL Butterschmalz oder Öl
1/4 l Gemüsebrühe
500 g Zucchini
5 Frühlingszwiebeln
Currypulver
Salz
4 Stängel Zitronenmelisse oder Petersilie

30 Minuten

1 Die Möhren waschen, schaben oder dünn schälen und in dünne Scheiben schneiden. Die Ingwerwurzel schälen, die Knoblauchzehen abziehen und beides sehr fein würfeln.

2 Das Butterschmalz oder Öl in einer weiten Pfanne erhitzen und Ingwer und Knoblauch darin anbraten. Die Möhren dazugeben und die Gemüsebrühe angießen. Alles zusammen etwa 5 Minuten zugedeckt dünsten.

3 In der Zwischenzeit die Zucchini waschen, Stiel- und Blütenansätze entfernen, das Fruchtfleisch in dünne Scheiben schneiden und zu den Möhren geben. Die Zucchini zugedeckt bei geringer Hitze etwa 5 Minuten mitgaren.

4 Die Frühlingszwiebeln waschen, putzen, in schmale Ringe schneiden und unter das Gemüse mischen. Alles mit Curry und Salz würzen.

5 Die Kräuter waschen, die Blätter von den Stängeln zupfen, trockenschwenken, fein hacken und vor dem Servieren über das Gericht streuen.

Tipp der Köchin

Dieses Möhren-Zucchini-Gemüse passt sehr gut zu Fleisch-, Fisch- oder Getreidegerichten. Nach Belieben können Sie es zusätzlich noch mit etwas abgeriebener, unbehandelter Zitronenschale aromatisieren.
Übrigens: Die Heimat der Frühlingszwiebeln war ursprünglich das südwestliche Sibirien. Erst seit dem 16. Jahrhundert werden sie auch in Europa angebaut. Sie schmecken etwas schärfer als Schnittlauch, aber milder als Zwiebeln. Der weiße Schaft wird wie normale Zwiebeln verwendet.

Ganz einfach

Zucchini-Pilz-Pfanne

Für 4 Portionen

1 große Zwiebel, 1 Knoblauchzehe
3 EL Olivenöl
400 g Zucchini
Salz, bunter Pfeffer
250 g Austernpilze oder Champignons
20 g Butter
2–3 Zweige Thymian, 2 Tomaten

30 Minuten

1 Zwiebel und Knoblauch abziehen, fein würfeln und in heißem Öl goldbraun anbraten. Die Zucchini waschen, putzen, grob würfeln und zu den Zwiebeln geben. Alles salzen und pfeffern und 5 bis 7 Minuten zugedeckt dünsten. Die Pilze putzen und fein schneiden.

2 In einer zweiten Pfanne die Butter erhitzen, die Pilze darin unter Rühren 4 bis 5 Minuten braten und zu den Zucchini geben.

3 Den Thymian waschen und die Blätter abzupfen. Die Tomaten überbrühen, häuten und würfeln. Tomaten und Thymian in das Gemüse rühren und alles mit Salz und Pfeffer abschmecken.

Bei dieser köstlichen Mischung aus Pilzen, Zucchini und frischem Thymian kann man auf Fleisch oder Fisch ohne weiteres verzichten.

Tipp der Köchin

Dazu schmecken sehr gut Reis, Nudeln oder Kartoffeln und nach Belieben ein Fleisch- oder Fischgericht.

Mit Pasta und Reis

Verwöhnen Sie Familie und Freunde mit Zucchini als aromatischem Begleiter zu Nudeln & Co: Ob italienische Tagliatelle in feiner Zucchini-Sahnesauce oder Penne mit Zucchini, Tomaten und Thunfisch, ob indischer Curryreis mit Aprikosen und Ingwer oder ob Couscous mit Zucchinigemüse – die schnell und unkompliziert zubereiteten Gerichte im nächsten Kapitel verdienen ausnahmslos die Aufnahme ins tägliche Kochrepertoire.

Sehr fein

Tagliatelle mit Zucchini-Sahne-Sauce

In dieser sahnigen Gemüsesauce können Sie nach Belieben außerdem noch einige gekochte Schinkenstreifen mitgaren.

Für 4 Portionen

- 300 g Tagliatelle
- Salz
- 1 große Zwiebel
- 1 Knoblauchzehe
- 2 Möhren
- 400 g Zucchini
- 100 g Champignons
- 3 EL Olivenöl
- 200 g Sahne
- 1 Bund Petersilie
- 40 g Parmesan oder Pecorino
- frisch gemahlener bunter Pfeffer

30 Minuten

1 Für die Nudeln 2 bis 3 Liter Wasser mit 1 Teelöffel Salz zum Kochen bringen und die Nudeln darin nach Packungsanleitung bissfest kochen. Die Nudeln in ein Sieb abgießen, das Kochwasser dabei auffangen und warm stellen.

2 In der Zwischenzeit Zwiebel und Knoblauchzehe abziehen und fein würfeln. Die Möhren waschen und schaben oder dünn schälen. Die Zucchini waschen, trocknen und Stiel- und Blütenansätze entfernen. Zucchini und Möhren mit einem Sparschäler in sehr feine Längsscheiben schneiden. Die Champignons putzen, die Stiele etwas kürzen und die Pilze in feine Scheiben schneiden.

3 Das Öl in einer weiten Pfanne erhitzen und Zwiebeln und Knoblauch darin bei kleiner Hitze hellbraun anbraten. Möhren, Zucchini und Pilze zugeben und kurz mitdünsten. Die Sahne dazugießen und alles 5 bis 7 Minuten zugedeckt leise kochen, bis die Sauce cremig wird. Die Petersilie waschen, trockenschwenken, die Blätter von den Stängeln zupfen und fein hacken. Den Käse fein reiben.

4 Nudeln, Petersilie und Käse zur Gemüsesauce geben und alles gut miteinander mischen. Sollte die Sauce zu dickflüssig geworden sein, noch 1 Tasse Nudelwasser dazugießen. Alles mit Salz und Pfeffer abschmecken und die Nudeln sofort servieren.

Tipp der Köchin

Dank ihrer Vielfalt an Formen und Farben gehören Nudeln längst auch bei uns zu den Lieblingsgerichten – und das aus gutem Grund: Sie lassen sich leicht zubereiten, kosten wenig, passen zu fast allem und sind warm oder kalt vielseitig verwendbar, egal ob als Beilage zu Gemüse und Fleisch, als Hauptgericht oder als köstlicher Salat.

Geht schnell

Spaghetti mit Zucchini und Thunfisch

Für 4 Portionen

250–300 g Spaghetti, Salz
2 Knoblauchzehen, 1 große Zwiebel
4 EL Olivenöl
600 g Zucchini, 400 g Porree
50 g Oliven, 125 g Tomatenwürfel
1 kleine Dose Thunfisch (ca. 150 g)
4 Stängel glatte Petersilie

30 Minuten

1 2 Liter Salzwasser zum Kochen bringen. Die Nudeln darin bissfest garen, abgießen und warm stellen. Inzwischen Knoblauchzehen und Zwiebel abziehen, fein würfeln und im heißen Öl glasig dünsten.

2 Die Zucchini waschen, grob würfeln, zugeben und einige Minuten andünsten. Den Porree waschen, putzen, fein schneiden und mit den Oliven und den Tomaten zu den Zucchini geben und kurz mitgaren. Den Thunfisch in grobe Stücke teilen und einrühren.

3 Die Nudeln mit der Gemüse-Thunfisch-Mischung vermengen. Die Petersilie waschen, trockenschwenken, fein hacken und darüber streuen.

Ein Sommeressen par excellence: Nudeln, leichtes Gemüse und Thunfisch, der wahlweise auch durch Sardellen ersetzt werden kann.

Tipp der Köchin

Tomatenwürfel und -püree gibt es im praktischen Tetrapack, sie sind ideal für die schnelle Küche.

Ganz einfach

Bandnudeln mit Zucchini-Pinoli-Sauce

In vielen anspruchsvollen Gerichten spielen Pinienkerne inzwischen eine wichtige Rolle. Wegen der aufwändigen Anbaubedingungen und der mühsamen Ernte – Pinienkerne werden immer noch von Hand geerntet – sind sie allerdings relativ teuer.

Für 4 Portionen

Salz
300 g Eierbandnudeln
500 g Zucchini
2 Frühlingszwiebeln (100 g)
50 g Pinienkerne
4 EL Crème fraîche
2 EL Olivenöl
2 EL Butter
1 Tasse TK-Erbsen
frisch gemahlener Pfeffer
frisch geriebene Muskatnuss
1 TL Instant-Gemüsebrühe
50 g Parmesan oder Pecorino, frisch gerieben

30 Minuten

1 Für die Nudeln reichlich Salzwasser zum Kochen bringen. Die Nudeln in das Wasser geben, nach Packungsanweisung bissfest kochen, in ein Sieb abgießen und warm stellen.

2 Während die Nudeln kochen, die Zucchini waschen und Stiel- und Blütenansätze entfernen. Das Fruchtfleisch längs in dünne Scheiben schneiden und salzen. 2 Scheiben beiseite legen, die restlichen Scheiben würfeln und mit 1/8 Liter Wasser in etwa 5 Minuten bissfest garen. Die Frühlingszwiebeln waschen, putzen und in Ringe schneiden.

3 Die Pinienkerne in einer Pfanne ohne Fett unter Rühren goldbraun rösten. Die Hälfte davon im Blitzhacker oder mit dem Stabmixer fein hacken. Zucchini, Frühlingszwiebeln und die Crème fraîche dazugeben und alles fein pürieren.

4 Das Öl und die Butter in einer Pfanne langsam erhitzen. Das pürierte Gemüse und die Erbsen einrühren und 2 bis 3 Minuten bei mittlerer Hitze dünsten. Alles mit Salz, Pfeffer, Muskat und der gekörnten Brühe würzen. Die Nudeln und die Hälfte des Käses untermischen.

5 Die restlichen rohen Zucchinischeiben sehr fein würfeln und zusammen mit den Pinienkernen und dem übrigen Käse darüber streuen. Die Nudeln sofort servieren.

Zu Bandnudeln und Zucchini passen die frisch gerösteten Pinienkerne mit ihrer nussigen Note einfach perfekt.

Tipp der Köchin

Die Farbe dieser cremigen Sauce wird durch die jeweilige Zucchinisorte bestimmt, die von zartgrün bis hellgelb variieren kann. Besonders appetitanregend wirkt dieses Gericht auf schwarzen oder blauen Tellern. Sehr schön sieht es aus, wenn Sie dieses Gericht noch mit einigen dekorativen Zucchiniblüten garnieren.

Vegetarisch

Schnelle Zucchininudeln

Chilischoten, die zur Familie der Gewürzpaprika gehören, gibt es in verschiedenen Formen, Größen und Geschmacksrichtungen. Man sollte sie immer vorsichtig dosieren, da ihre Schärfe beim Kochen noch zunimmt.

Für 4 Portionen

250–300 g Spaghetti
Salz
2 Tomaten
600 g grüne und gelbe Zucchini
2 cm Chilischote
2 Knoblauchzehen
4 EL Olivenöl
4 Frühlingszwiebeln
4 Stängel glatte Petersilie

20 Minuten

1 Reichlich Salzwasser zum Kochen bringen. Die Nudeln nach Packungsanweisung bissfest kochen.

2 Die Tomaten für 2 bis 3 Minuten ins Nudelwasser legen, kalt abschrecken, häuten und würfeln. Die Nudeln abgießen, abtropfen lassen und warm stellen.

3 Die Zucchini waschen, Stiel- und Blütenansätze entfernen und das Fruchtfleisch in dünne Scheiben schneiden. Dicke Zucchini zuvor halbieren oder vierteln. Die Chilischote waschen, entkernen und in feine Streifen schneiden (danach die Hände waschen!). Die Knoblauchzehen abziehen.

4 Das Öl in einer weiten Pfanne erhitzen. Den Knoblauch mit einem Feinhobel in das Öl hobeln und in 1 bis 2 Minuten bei mittlerer Hitze unter Rühren goldbraun braten. Die Zucchinischeiben dazugeben und unter gelegentlichem Rühren 3 bis 5 Minuten dünsten.

5 Die Frühlingszwiebeln waschen, putzen, fein schneiden und zu den Zucchini geben. Alles weitere 2 Minuten dünsten.

6 Die Tomatenstückchen und das Gemüse mit den Nudeln vermischen.

7 Die Petersilie waschen und trockenschwenken. Die Blätter von den Stängeln zupfen, hacken und über Nudeln und Gemüse streuen. Die Nudeln sofort servieren.

Tipp der Köchin

Nach Belieben können Sie die Nudeln noch mit frisch geriebenem Pecorino überstreuen und diesen bei geschlossenem Deckel schmelzen lassen.
Bei diesem Blitzrezept, das auch Kindern prima schmeckt – dann sollten Sie allerdings die scharfe Chilischote lieber weglassen –, können Sie statt der hellen Spaghetti auch grüne oder rote Nudeln verwenden, die farblich sehr schön mit gelben Zucchini harmonieren. Farbige Nudeln werden übrigens unter Zugabe von Tomaten oder Rote Bete (rot) oder Spinat (grün) hergestellt.

Raffiniert

Curryreis mit Aprikosen

Für 4 Portionen

1 Zwiebel, 1 Knoblauchzehe
4 cm frischer Ingwer, 2 EL Öl
12 getrocknete Aprikosen
150 g Basmatireis
1/2 l Gemüsebrühe
1 EL Currypulver, 40 g Butter
20 g Mandelblättchen, 1 Banane
400 g Zucchini, Salz

35 Minuten

1 Zwiebel und Knoblauch abziehen, den Ingwer schälen. Alles fein hacken und im heißen Öl glasig dünsten. Die Aprikosen fein würfeln. Den Reis waschen und zu den Zwiebeln geben. Die Brühe angießen, Curry und Aprikosen zufügen und alles unter gelegentlichem Rühren etwa 10 Minuten quellen lassen.

2 In der Butter die Mandeln goldgelb rösten. Die Banane schälen, in Scheiben schneiden, zufügen und anwärmen. Zugedeckt beiseite stellen.

3 Die Zucchini waschen, putzen, würfeln, in den Reis einrühren und 5 Minuten ziehen lassen. Alles salzen und die Bananen-Mandel-Mischung vorsichtig untermischen.

Süß und scharf verträgt sich gut, wie milde Zucchini mit Trockenfrüchten, Banane und leicht scharfem Currypulver beweisen.

Tipp der Köchin

Dieser Curryreis ist eine raffinierte Beilage zu exotischen Fleisch- oder Fischgerichten.

Vegetarisch

Risotto mit Zucchini und Ingwer

Besonders schön sieht das Risotto aus, wenn Sie grüne und gelbe Zucchini verwenden. Den Risottoreis bekommen Sie in gut sortierten Supermärkten oder in italienischen Feinkostgeschäften.

Für 4 Portionen

1 Knoblauchzehe
2 Zwiebeln
ca. 2 cm frische Ingwerwurzel
2–3 EL Olivenöl
400 g Risottoreis
600 ml heiße Gemüsebrühe
1/4 l Weißwein
Salz
frisch gemahlener bunter Pfeffer
500 g Zucchini
50 g Parmesan oder Pecorino
1 Tasse Basilikumblätter

40 Minuten

1 Den Knoblauch und die Zwiebeln abziehen und beides sehr fein würfeln. Das Ingwerstückchen schälen und ebenfalls in feine Würfel schneiden. Das Öl in einem Topf erhitzen und Zwiebeln, Knoblauch und Ingwer darin 2 bis 3 Minuten anbraten.

2 Den Reis waschen, zu den Zwiebeln geben und 2 bis 3 Minuten anrösten. Die Gemüsebrühe und den Wein dazugießen. Den Reis umrühren und zugedeckt bei schwacher bis mittlerer Hitze etwa 10 bis 15 Minuten quellen lassen, dabei ab und zu umrühren. Die Reismischung mit Salz und Pfeffer würzen.

3 In der Zwischenzeit die Zucchini waschen, Stiel- und Blütenansätze entfernen, das Fruchtfleisch in Stifte schneiden und leicht salzen. Die Zucchinistifte unter den Reis rühren und zugedeckt 5 Minuten ziehen lassen. Sollte alle Flüssigkeit aufgesogen sein, noch etwas Wasser nachgießen.

4 Den Reis probieren. Wenn er noch zu fest ist, weiteres Wasser zufügen und den Reis kurz nachquellen lassen. Das Risotto von der Kochstelle nehmen.

5 Parmesan oder Pecorino grob reiben und unter den Reis mischen. Die Basilikumblätter waschen, trockenschwenken, fein hacken und über das Risotto streuen. Das Gericht sofort servieren.

Nur mit dem echten Risottoreis wird dieses Risotto so, wie es sein soll: saftig, leicht klebrig und mit dem unverwechselbaren Biss der Reiskörner.

Tipp der Köchin

Frischen Ingwer kann man wie Zwiebeln bei Zimmertemperatur einige Wochen aufbewahren, man sollte ihn jedoch immer erst direkt vor Gebrauch schälen. Ingwerpulver, das weniger intensiv schmeckt, lagern Sie am besten gut verschlossen an einem kühlen, trockenen und dunklen Platz. Auf diese Weise ist es zwei Jahre haltbar.

Erbsen sind immer wieder eine beliebte Beilage zu Fleisch und Geflügel. Sehr junge, frische Erbsen oder Zuckerschoten werden gern auch roh gegessen, schmecken jedoch gegart noch etwas süßer.

Ganz einfach

Schneller Gemüsereis

Für 4 Portionen

2 Tassen Langkornreis
1 große Zwiebel
2 Knoblauchzehen
2–3 EL Olivenöl
2 mittelgroße Zucchini (etwa 400 g)
2 rote Paprikaschoten oder 1 Möhre
4 Tassen TK-Erbsen
1 Bund Schnittlauch oder Petersilie
2 EL Sojasauce oder 1 TL Currypulver
Salz
frisch gemahlener Pfeffer

25 Minuten

1 Den Reis in einen Topf geben und mehrmals mit klarem Wasser durchspülen, bis das Wasser klar ist. So viel Wasser dazugeben, dass es 1 Zentimeter über dem Reis steht, zum Kochen bringen und den Reis einmal aufkochen lassen. Die Herdplatte ausschalten und den Reis zugedeckt in etwa 10 Minuten ausquellen lassen.

2 Die Zwiebel und die Knoblauchzehen abziehen und beides fein würfeln. Das Olivenöl in einer weiten Pfanne erhitzen und Zwiebeln und Knoblauch darin bei mittlerer Hitze unter Rühren goldgelb anbraten.

3 Zucchini und Paprikaschoten waschen und Stiel- und Blütenansätze abschneiden. Bei den Paprikaschoten die Kerne entfernen. Das Fruchtfleisch in 5 Millimeter große Würfel schneiden. Die Gemüsewürfel zu den Zwiebeln geben und alles bei schwacher Hitze zugedeckt etwa 5 Minuten schmoren. Die Erbsen zufügen und weitere 5 Minuten mitgaren. Wenn die Flüssigkeit verkocht ist, noch etwa 1 Tasse Wasser nachgießen.

4 Den Schnittlauch oder die Petersilie waschen, trockenschwenken, fein hacken und zusammen mit dem Reis, der Sojasauce oder dem Curry unter das Gemüse rühren. Die Reis-Gemüse-Mischung mit Salz und Pfeffer abschmecken.

Tipp der Köchin

Noch schneller geht es, wenn Sie vorgekochten Reis verwenden, von dem Sie 4 Tassen benötigen. Nach Belieben können Sie zum Schluss außerdem noch Pilze und/oder Shrimps untermischen. Diesen schnellen und bunten Gemüsereis können Sie sowohl als Beilage zu Fisch- und Fleischgerichten, Frikassees und Geschnetzeltem servieren als auch mit milden oder scharfen Saucen kombinieren.

Schnell zubereitet

Zucchini mit Couscous

Für 4 Portionen

2 Zwiebeln, 4 Knoblauchzehen
40 g Butter, 1 rote Paprikaschote
500 g Zucchini
1/2 l Gemüsebrühe
200 g Couscous
Salz, Pfeffer
1 Bund Schnittlauch oder Petersilie

20 Minuten

1 Zwiebeln und Knoblauch abziehen, fein würfeln und in heißer Butter goldbraun dünsten.

2 Paprika und Zucchini waschen, Stiel- und Blütenansätze abschneiden, von den Paprikaschoten die Kerne entfernen und das Fruchtfleisch fein würfeln.

3 Die Gemüsebrühe zum Kochen bringen und das Gemüse darin 7 bis 10 Minuten zugedeckt garen. Den Couscousgrieß unter ständigem Rühren einstreuen und 5 Minuten auf der ausgeschalteten Kochstelle quellen lassen.

4 Alles mit Salz und Pfeffer würzen. Schnittlauch oder Petersilie waschen, trockenschwenken, fein schneiden und untermischen.

In diesem sättigenden Blitzgericht, den Zucchini mit Couscous, schmecken auch gehäutete, gewürfelte Tomaten, Porreestreifen oder vorgegarte Brokkoliröschen und beliebige Kräuter.

Mit Fleisch, Fisch oder Ei

Von raffiniert bis fein, von abwechslungsreich bis farbenfroh – im nächsten Kapitel finden Sie zahlreiche Anregungen, wie gut Zucchini zu Eiern, Geflügel und Fleisch passen und welch köstliche Kombinationen aus Fisch und Zucchini möglich sind. Schlemmen Sie mit gefüllten Zucchiniblüten oder feinen Zucchini-Lamm-Spießchen, genießen Sie die spanische Zucchini-Hähnchen-Pfanne oder das Schweinefilet mit Zucchinisahne, und überraschen Sie Ihre Gäste mit einem feinen Zucchini-Kräuter-Flan oder mit gefüllten Kugelzucchini!

Thymian wurde schon in der Antike wegen seiner Heilkraft und seines Dufts geschätzt. Als Gewürzkraut ist er vielseitig verwendbar: Er passt zu Tomaten, Bohnen, Eiern und in viele Saucen und Suppen.

Sehr fein

Zucchini-Kräuter-Flan

Für 4 Portionen
- 1 Zwiebel
- 2 Knoblauchzehen
- 2–3 Salbeiblätter
- 1 Rosmarinzweig
- 4–5 Zweige Thymian
- 3 Stängel glatte Petersilie
- 1 Frühlingszwiebel oder
- 1 Bund Schnittlauch
- 1 kleiner Zucchino (250 g)
- 2 EL Olivenöl
- 200 g Sahne, 4 Eigelbe
- 50 g Parmesan, Salz
- frisch gemahlener bunter Pfeffer
- 1 Prise Muskat
- 4 Eiweiße
- Butter für die Form

60 Minuten

1 Zwiebel und Knoblauchzehen abziehen und fein würfeln. Salbei, Rosmarin und Thymian waschen und trocknen. Die Blätter von den Stielen streifen und fein hacken. Petersilie und Frühlingszwiebel waschen und klein schneiden. Den Zucchino waschen, Stiel- und Blütenansatz entfernen und das Fruchtfleisch in feine Streifen schneiden oder raspeln.

2 Zwiebeln und Knoblauch in heißem Öl bei mittlerer Hitze goldgelb anbraten. Salbei, Rosmarin, Thymian und Zucchinistreifen dazugeben und alles etwa 5 Minuten schmoren. Die Sahne angießen und auf etwa die Hälfte einkochen lassen. Den Topf vom Herd nehmen und das Gemüse etwas abkühlen lassen.

3 Den Backofen auf 180 °C (Umluft 160 °C, Gas Stufe 2–3) vorheizen. Die Fettpfanne mit heißem Wasser füllen und in den Backofen schieben. Eine flache Auflaufform einfetten.

4 Petersilie und Frühlingszwiebel, Eigelbe und Parmesan in die Kräutersahne einrühren und alles mit Salz, Pfeffer und Muskat würzen.

5 Die Eiweißmasse mit 1 Prise Salz steif schlagen und vorsichtig unterheben. Die Masse in der Form verteilen und glatt streichen. Die Form in das heiße Wasserbad stellen und den Flan in 30 bis 35 Minuten stocken lassen. Die Garprobe mit einem kleinen Messerschnitt machen: Wenn die Klinge trocken bleibt, ist der Flan fertig. Den Flan in Stücke schneiden und servieren.

Tipp der Köchin

Sie können diesen Flan, der aus dem Piemont stammt, auch in kleinen ofenfesten Portionsschälchen zubereiten (dann ist die Garzeit allerdings etwas kürzer!) und als feine Vorspeise servieren. Mit einer Gemüse-, Kartoffel- oder Salatbeilage eignet er sich aber auch sehr gut als Hauptgericht.

Für Gäste

Zucchiniomelett

Für 4 Portionen

4 Eier
4 EL Sahne
Salz
frisch gemahlener Pfeffer
1 Prise Muskat
50 g geriebener Parmesan oder Pecorino
1 Zwiebel
3 EL Olivenöl oder Butterschmalz
500 g Zucchini
2 TL Thymianblättchen oder Dill

20 Minuten

1 Die Eier verrühren. Sahne, Gewürze und Käse untermischen.

2 Die Zwiebel abziehen, fein würfeln und in einer beschichteten Pfanne im heißen Öl oder Butterschmalz glasig anbraten.

3 Die Zucchini waschen, Stielansätze entfernen und das Fruchtfleisch mittelgrob raspeln. Die Raspel zu den Zwiebeln geben und 2 bis 3 Minuten mitbraten.

4 Die Eimasse nochmals verquirlen, über das Gemüse gießen und das Omelett zugedeckt bei schwacher Hitze stocken lassen.

Dass Eierspeisen alles andere als langweilig sind, werden Sie bei diesem Zucchiniomelett feststellen.

Tipp der Köchin

Das Zucchiniomelett passt auch gut auf ein kaltes Büfett. Schneiden Sie es dann wie eine Torte in etwa 12 Stücke, und richten Sie diese dekorativ auf einer Platte an.

Safran, das kostbarste Gewürz der Welt, können Sie in Form von Fäden, die in kleinen Tütchen verpackt sind, oder auch als Pulver in kleinen Döschen kaufen.

Wie die echte Paella bekommt auch die spanische Hähnchenpfanne mit Zucchini optisch und geschmacklich das besondere Etwas durch den edlen Safran.

Sehr fein

Spanische Zucchini-Hähnchen-Pfanne mit Reis

Für 4 Portionen

2 Zwiebeln
2 Knoblauchzehen
4 EL Olivenöl
250 g Risottoreis
600 ml heiße Gemüsebrühe
1 Döschen Safranpulver
400 g Hähnchenbrustfilet
1/8 l Weißwein
400 g Zucchini
1 kleine rote Paprikaschote
1 kleine grüne Paprikaschote
2 Tomaten
100 g TK-Erbsen
Salz
frisch gemahlener bunter Pfeffer
4 Stängel glatte Petersilie

40 Minuten

1 Zwiebeln und Knoblauchzehen abziehen und fein würfeln. In einem weiten Topf die Hälfte des Öls erhitzen und Zwiebel- und Knoblauchwürfel darin goldgelb anbraten. Den Reis waschen, zufügen und kurz anrösten. Die Brühe angießen und den Safran einrühren. Den Reis zugedeckt bei schwacher Hitze etwa 10 Minuten quellen lassen, dabei ab und zu umrühren.

2 In der Zwischenzeit das Hähnchenfleisch waschen, trockentupfen und in Streifen schneiden. Das restliche Öl in einer beschichteten Pfanne erhitzen und die Fleischstücke darin in 3 bis 4 Minuten rundherum anbraten. Den Wein angießen und alles zugedeckt bei schwacher Hitze etwa 5 Minuten ziehen lassen.

3 Zucchini und Paprikaschoten waschen und trocknen. Stiel- und Blütenansätze entfernen und das Fruchtfleisch fein würfeln. Das Gemüse unter den halbfertigen Reis mischen. Sollte die Flüssigkeit verdampft sein, noch 1 bis 2 Tassen Wasser oder Gemüsebrühe dazugießen.

4 Die Tomaten waschen, auf den Reis setzen und zugedeckt etwa 5 Minuten dämpfen. Die Tomaten herausnehmen, häuten und in Achtel schneiden, dabei die Stielansätze entfernen. Die Erbsen unter den Reis rühren. Den Reis testen und wenn nötig noch einige Minuten quellen lassen.

5 Die Fleischwürfel mit Salz und Pfeffer würzen und unter den Reis mischen. Die Petersilie waschen. Die Blätter abzupfen und zusammen mit den Tomatenstücken über dem Reis verteilen.

Tipp der Köchin

Anstelle von Hähnchen können Sie auch andere Fleischsorten, oder aber Scampi oder Fischfilet verwenden.

Currypulver ist eine Gewürzmischung, die aus vielerlei Zutaten zusammengestellt wird – mitunter werden 15 bis 20 Gewürze kombiniert. Die meisten Mischungen kommen aus England, wo das Currypulver zu Kolonialzeiten eingeführt wurde.

Geht schnell

Pute mit Zucchini und Apfel

Für 4 Portionen

300 g Putenfleisch
2 Zwiebeln
1 Knoblauchzehe
2 cm frische Ingwerwurzel
500 g grüne Zucchini
Salz
2 EL Butterschmalz
1/4 l Apfelsaft oder Weißwein
1 EL Speisestärke
1 gelbe Paprikaschote
1 süß-säuerlicher Apfel
100 g Sahne
frisch gemahlener Pfeffer
1 Prise Currypulver
1 Bund Petersilie

30 Minuten

1 Das Putenfleisch waschen, trockentupfen und in mundgerechte Würfel schneiden. Zwiebeln, Knoblauchzehe und Ingwer abziehen bzw. schälen und alles fein würfeln. Die Zucchini waschen, putzen, in 5 Millimeter dicke Scheiben schneiden und leicht salzen.

2 Das Butterschmalz in einer weiten Pfanne erhitzen und Zwiebeln, Knoblauch und Ingwer darin in einigen Minuten goldgelb anbraten. Das Fleisch zugeben und bei starker Hitze rundum kurz anbraten. Die Zucchini zufügen.

3 Apfelsaft oder Wein mit der Speisestärke glatt rühren, langsam in das Gemüse einrühren und alles zugedeckt 3 bis 5 Minuten bei schwacher Hitze schmoren.

4 In der Zwischenzeit die Paprikaschote waschen, den Stielansatz und die Kerne entfernen und das Fruchtfleisch fein würfeln. Den Apfel schälen, das Kerngehäuse entfernen und das Fruchtfleisch sehr fein raspeln.

5 Die Paprika und den Apfel mit dem Gemüse vermischen, die Sahne dazugießen und die Sauce cremig einkochen. Alles mit Salz, Pfeffer und Curry abschmecken. Die Petersilie waschen und trockenschwenken. Die Blätter von den Stängeln zupfen, fein hacken und unterrühren. Zu Kartoffeln, Reis oder Nudeln servieren.

Zucchini harmonieren sehr gut mit dem süß-säuerlichen Apfelgeschmack.

Tipp der Köchin

Wenn Sie gelbe Zucchini haben, nehmen Sie statt der gelben Paprikaschote eine rote oder grüne. Statt Putenfleisch können Sie auch Hühnerbrustfilet verwenden.

Ganz einfach

Frikadellen mit Zucchini und Möhren

Für 4 Portionen

- 1 Brötchen
- 500 g Hackfleisch (Rind, Pute oder Schwein)
- 2 Eier, Salz
- Pfeffer, Muskat
- 1 Zwiebel, 1 Knoblauchzehe
- 200 g Zucchini
- 2 mittelgroße Möhren
- 4 Stängel Petersilie
- Öl zum Braten

30 Minuten

1 Das Brötchen in Wasser einweichen, ausdrücken, zerpflücken und mit dem Hackfleisch und den Eiern vermengen. Den Fleischteig mit Salz, Pfeffer und Muskat würzen. Zwiebel und Knoblauchzehe abziehen und fein würfeln. Zucchini und Möhren waschen, putzen und fein raspeln. Die Petersilie waschen und trockenschwenken. Die Blätter abzupfen und fein hacken.

2 Zwiebel, Zucchini, Möhren und Petersilie mit dem Fleisch vermischen. Aus der Masse 8 bis 10 Küchlein formen und die Frikadellen im heißen Öl auf beiden Seiten goldbraun braten.

Die Frikadellen mit Zucchini und Möhren lassen sich sehr gut heiß oder auch kalt verzehren.

Tipp der Köchin

Dazu schmeckt ein Kartoffelbrei oder aber das Zucchinipüree von Seite 42.

Speck, zumeist geräucherter oder gepökelter Schweinebauch, schmeckt nicht nur zum Frühstück oder zu Spiegeleiern, sondern klein gewürfelt und kross gebraten auch als würzige Zutat zu Saucen, Braten und Salaten.

In würzigen Speck und schützende Zucchinischeiben gewickelt, bleibt das zarte Lammfilet besonders saftig.

Sehr fein

Zucchini-Lamm-Röllchen in Tomatensahne

Für 4 Portionen

- 4 Lammfilets
- 5 EL Olivenöl
- 1 TL Thymian
- 1 Prise Cayennepfeffer
- Salz
- 300 g Tomaten
- 1 langer Zucchino (etwa 250 g)
- 4 dünne Scheiben Räucherspeck
- 1/8 l Brühe
- 1 Knoblauchzehe
- 4 EL Sahne
- frisch gemahlener Pfeffer
- 2 Stängel Thymian oder Basilikum

40 Minuten

1 Die Lammfilets waschen und trockentupfen. 1 Esslöffel Öl mit Thymian, Cayennepfeffer und Salz vermischen und das Fleisch damit einreiben.

2 Die Tomaten mit kochendem Wasser überbrühen, häuten und das Fruchtfleisch würfeln.

3 Den Zucchino waschen, den Stielansatz entfernen und das Fruchtfleisch mit einem Sparschäler längs in dünne Scheiben schneiden. Je 2 Zucchinischeiben nebeneinander legen, so dass sie sich etwas überlappen und 1 Lammfilet und 1 Scheibe Räucherspeck darauf legen. Die Zucchinischeiben schneckenförmig aufrollen und mit Zahnstochern oder Rouladennadeln zusammenstecken oder mit festem Garn zubinden.

4 In einer weiten Pfanne das restliche Olivenöl erhitzen und die Röllchen darin unter Wenden von allen Seiten anbraten. Die Brühe dazugießen und die Tomatenwürfel einrühren. Den Knoblauch abziehen, fein hacken oder pressen und dazugeben. Alles etwa 5 bis 10 Minuten zugedeckt bei schwacher Hitze ziehen lassen.

5 Die Sahne einrühren und die Sauce mit Salz und Pfeffer abschmecken. Die Kräuter waschen und trockenschwenken. Die Blätter von den Stielen streifen, grob hacken und unterrühren.

Tipp der Köchin

Als Beilage zu diesen feinen Spießchen passen Kartoffeln und Gemüse oder ein knackiger, bunt gemischter Salat mit schwarzen Oliven. Sie können aber auch einfach knuspriges Baguette dazu reichen.

Zimt ist eines der ältesten Gewürze der Welt und wird zum Würzen zahlloser süßer und pikanter Speisen verwendet. Gemahlener Zimt ist zwar intensiver im Geschmack als die Zimtstange, bleibt dafür aber nicht so lange frisch.

Ganz einfach

Gefüllte Kugelzucchini

Für 4 Portionen

- 4 runde Zucchini (etwa 700 g)
- Salz
- 2 Zwiebeln
- 2 Knoblauchzehen
- 2 EL Olivenöl
- 250 g Hackfleisch (Lamm oder Rind)
- Pfeffer
- 2 TL Thymianblättchen
- 1 Prise Zimt
- 40 g Pecorino oder Parmesan
- 1 Bund glatte Petersilie
- 4 Tomaten
- 4 Scheiben Käse
- Fett für die Form

40 Minuten

1 Die Zucchini waschen, Stielansätze entfernen und die Früchte längs halbieren. Das Fruchtfleisch herausschaben – dabei einen etwa 1/2 Zentimeter breiten Rand stehen lassen – und hacken.

2 In einem flachen Topf oder einer weiten Pfanne etwa 1/4 Liter Wasser mit etwas Salz zum Kochen bringen. Die Zucchini mit der Schnittfläche nach unten hineinlegen und zugedeckt 4 bis 5 Minuten vorgaren, herausnehmen und abkühlen lassen.

3 Zwiebeln und Knoblauch abziehen, fein würfeln und in heißem Öl hellbraun anbraten. Das Zucchinifruchtfleisch dazugeben und etwa 2 bis 3 Minuten mitdünsten.

4 Das Hackfleisch in einer Schüssel mit der Zwiebel-Gemüse-Mischung gründlich vermengen und alles mit Salz, Pfeffer, Thymian und Zimt würzen.

5 Hartkäse reiben. Die Petersilie waschen, trockenschwenken und die Hälfte davon fein hacken. Den Käse und die gehackte Petersilie zum Fleisch-Gemüse-Teig geben und miteinander verkneten. Die Füllung in die Zucchinihälften verteilen.

6 Den Backofen auf 220 °C (Umluft 200 °C, Gas Stufe 4–5) vorheizen und eine Auflaufform einfetten. Die gefüllten Zucchinihälften nebeneinander in die Form setzen und auf der mittleren Schiene im Backofen 15 bis 20 Minuten backen.

7 Die Tomaten waschen, Stielansätze entfernen und die Früchte in Scheiben schneiden. Die Käsescheiben in kleine Dreiecke oder Quadrate schneiden.

8 Die Form aus dem Backofen nehmen, die Tomatenscheiben auf die gefüllten Zucchini setzen und die Käsescheiben darüber legen. Die Zucchini weitere 2 bis 3 Minuten überbacken, bis der Käse geschmolzen ist, und mit den restlichen Petersilienblättchen garnieren.

Geht schnell

Schweinefilet mit Oliven

Für 4 Portionen

- 4 Tomaten (250 g)
- 600 g Zucchini
- 1 Knoblauchzehe
- Salz
- frisch gemahlener bunter Pfeffer
- 1 Prise gemahlene Nelken
- 1 TL Instant-Gemüsebrühe
- 200 g Sahne
- 500 g Schweinefilet
- 2 EL Butterschmalz
- 1/8 l Weißwein
- 4 Stängel glatte Petersilie
- 50 g schwarze Oliven ohne Stein

30 Minuten

1 Die Tomaten mit heißem Wasser überbrühen und einige Minuten ziehen lassen.

2 Währenddessen die Zucchini waschen, Stiel- und Blütenansätze entfernen und das Fruchtfleisch in 5 bis 7 Millimeter dicke Scheiben schneiden.

3 Die Tomaten häuten, Stielansätze entfernen und das Fruchtfleisch grob würfeln. Den Knoblauch abziehen und fein hacken.

4 Die Zucchini zusammen mit den Tomaten, dem Knoblauch, Salz, Pfeffer, den Nelken, der Gemüsebrühe und der Sahne in einen Topf geben und zugedeckt bei schwacher Hitze etwa 10 Minuten leicht kochen.

5 In der Zwischenzeit das Fleisch waschen, trockentupfen und in fingerdicke Scheiben schneiden. In einer schweren Pfanne das Butterschmalz erhitzen und die Fleischscheiben darin von beiden Seiten bei mittlerer Temperatur etwa 2 bis 3 Minuten braten. Das Fleisch mit Salz und Pfeffer würzen und mit dem Wein ablöschen. Den Bratensatz fast einkochen lassen.

6 Die Petersilie waschen, trockenschwenken, die Blätter von den Stängeln zupfen und grob hacken. Die Oliven würfeln und zusammen mit der Petersilie unter das Gemüse mischen. Das Fleisch zum Gemüse reichen.

Gewürznelken nennt man die vor der Blüte geernteten Knospen des Gewürznelkenbaums. Nach der Ernte werden sie getrocknet, wodurch sie sich braun verfärben und sehr hart werden.

Tipp der Köchin

Dazu schmeckt ein frisches, knuspriges Baguette, aber auch Reis oder Kartoffeln passen sehr gut. Eine besonders erfrischende Note bekommt dieses Gericht, wenn Sie zum Schweinefilet eine Joghurtsauce (siehe Seite 36 oder Seite 40) reichen.

Anstelle von Kabeljaufilet können Sie auch sehr gut Schellfisch, Seelachs oder den feinen Steinbutt verwenden.

Sehr fein

Fischfilet süßsauer mit Zucchini

Für 4 Portionen

- 600 g Kabeljaufilet
- 2 EL Sojasauce
- 2 EL Fischsauce
- 2 EL Speisestärke
- 4 Frühlingszwiebeln
- 1 kleine rote Paprikaschote
- 200 g Ananas, frisch oder aus der Dose
- 4 cm frische Ingwerwurzel
- 1 mittelgroßer Zucchino
- 4 EL Sherry- oder Apfelessig
- 1 EL brauner Zucker
- 1 Messerspitze scharfe Chilipaste
- 1/8 l neutrales Öl

30 Minuten

1 Die Fischfilets kalt abspülen und trockentupfen. Die Filets in etwa 3 Zentimeter große Stücke schneiden und in eine Schüssel geben. Je 1 Esslöffel Sojasauce, Fischsauce und Speisestärke verrühren und über die Fischstücke gießen. Den Fisch zugedeckt ziehen lassen.

2 Die Frühlingszwiebeln waschen und in feine Streifen schneiden. Die Paprika waschen, den Stielansatz und die Kerne entfernen und die Schote klein würfeln. Die Ananas schälen und in kleine Würfel schneiden. Den Ingwer schälen und fein würfeln. Den Zucchino waschen, Stiel- und Blütenansatz entfernen und das Fruchtfleisch in dünne Scheiben schneiden.

3 Die restliche Soja- und Fischsauce sowie die restliche Speisestärke mit Essig, Zucker, Chilipaste und 1/8 Liter kaltem Wasser in einer Tasse verrühren.

4 Das Öl in einem Wok oder einer mittelgroßen Pfanne erhitzen. Die marinierten Fischstücke darin portionsweise etwa 2 Minuten bei mittlerer Hitze anbraten, herausnehmen, auf einen Teller legen und zugedeckt warm halten.

5 Ingwer, Zucchini, Frühlingszwiebeln und Paprika im gleichen Wok etwa 2 bis 3 Minuten bei mittlerer Temperatur unter Rühren braten. Die Soja-Fisch-Sauce darüber gießen, die Ananaswürfel dazugeben und alles zusammen etwa 1 bis 2 Minuten bei schwacher Hitze garen. Die Fischstücke wieder hineingeben und vorsichtig unterheben.

Tipp der Köchin

Als Beilage passt am besten ein aromatischer Basmati- oder Duftreis: Dafür 2 Tassen Reis in einem Topf 2- bis 3-mal mit kaltem Wasser durchspülen. Zum Kochen so viel Wasser aufgießen, dass es etwa 1 Zentimeter hoch über dem Reis steht. Den Reis aufkochen und auf der ausgeschalteten Herdplatte etwa 10 Minuten quellen lassen.

Schnell zubereitet

Zanderfilet mit Zucchini und Tomaten

Für 4 Portionen

2 Frühlingszwiebeln (ersatzweise Porree)
1 Zucchino (ca. 200 g)
4 EL Olivenöl
1 Fleischtomate
1 TL Thymianblättchen
Salz
4 Zanderfilets mit Haut
1–2 EL Zitronensaft
40 g Butter

30 Minuten

1 Frühlingszwiebeln waschen, putzen und in feine Streifen schneiden. Den Zucchino waschen, putzen und in grobe Scheiben schneiden. Beides im heißen Öl andünsten.

2 Die Tomate überbrühen, häuten, würfeln und zu den Zucchini geben. Das Gemüse mit Thymian und Salz würzen. Die Fischfilets waschen, trockentupfen, salzen und mit Zitronensaft beträufeln.

3 Die Butter erhitzen und die Filets darin mit der Hautseite nach unten je nach Dicke 3 bis 5 Minuten zugedeckt braten. Den Fisch würzen und zum Gemüse servieren.

Fischliebhaber schätzen das feste, wohlschmeckende Zanderfilet ganz besonders. Es verträgt sich mit dem Zucchinigemüse bestens.

Tipp der Köchin

Zu diesem feinen Zandergericht passen als Beilage Kartoffeln oder Reis sehr gut.

Zu den Blüten passen ein knackiger Salat und eine feine Käsesauce oder ein Zucchinipüree (Seite 42). Wenn Sie keine Blüten haben, können Sie die Füllung auch sehr gut auf dünne Zucchinischeiben streichen, diese aufrollen und wie die Blüten im Backofen gratinieren.

Raffiniert

Gefüllte Zucchiniblüten mit Fischfarce

Für 4 Portionen

- 250 g Fischfilet oder Scampi
- 2–3 EL Zitronensaft
- Salz
- 2 Frühlingszwiebeln
- 1 Bund Schnittlauch oder Dill
- 1 Ei
- 230 g Sahne
- frisch gemahlener bunter Pfeffer
- Muskat
- 12 Zucchiniblüten

40 Minuten

1 Die Fischfilets oder Scampi waschen bzw. schälen, mit dem Zitronensaft beträufeln und salzen. Das Fischfilet in grobe Stücke schneiden.

2 Die Frühlingszwiebeln waschen, putzen und grob schneiden. Fisch bzw. Scampi und Zwiebeln im Blitzhacker oder mit dem Stabmixer fein zerkleinern.

3 Den Schnittlauch oder Dill waschen, trockenschwenken und fein schneiden. Die Hälfte der Kräuter in die Fischmasse geben. Das Ei und 2 Esslöffel Sahne einrühren und die Füllung mit Pfeffer, Muskat und Salz würzen.

4 Den Backofen auf 200 °C (Umluft 180 °C, Gas Stufe 3–4) vorheizen. Die Zucchiniblüten vorsichtig abspülen, die Blütengefäße entfernen und die Fischfarce mit einem kleinen Löffel in die Blüten füllen. Die Blütenspitzen leicht zusammendrehen. Die gefüllten Blüten nebeneinander in eine flache Auflaufform setzen und die restliche Sahne darüber gießen.

5 Die Form auf die mittlere Schiene des Backofens stellen und die Blüten etwa 25 bis 30 Minuten backen. Die restlichen Kräuter darüber streuen.

Tipp der Köchin

Sie können die gefüllten Blüten auch in Mehl wenden oder in einen Ausbackteig tauchen und in heißem Öl goldbraun frittieren (siehe Seite 91).

Sehr fein

Zucchinicurry mit Shrimps in Kokossauce

Für 4 Portionen

400 g Zucchini
1 rote Paprikaschote
1 unbehandelte Zitrone
200 ml Kokosmilch
2–3 cm frische Ingwerwurzel
2 EL Currypulver
1 TL Instant-Gemüsebrühe
250 g mittelgroße TK-Shrimps
Salz
4 EL Sahne, Pfeffer

30 Minuten

1 Die Zucchini waschen, putzen und in dünne Scheiben schneiden. Die Paprikaschote waschen, Stielansatz und Kerne entfernen und das Fruchtfleisch grob würfeln.

2 Die Zitrone waschen, die Hälfte der Schale dünn abreiben und in die Kokosmilch einrühren. Den Ingwer schälen, fein würfeln und zugeben. Die Kokosmilch mit dem Curry und der Brühe zum Kochen bringen. Das Gemüse zufügen und etwa 5 Minuten garen, bis die Sauce cremig ist.

3 Die Shrimps abspülen und eventuell Schalen und Darm entfernen. Die Zitrone auspressen. Shrimps mit 3 Esslöffeln Zitronensaft beträufeln, salzen und in die Sauce legen. Die Sahne einrühren, alles 2 bis 3 Minuten leicht kochen und mit Salz und Pfeffer abschmecken.

Geht schnell

Schollenfilet mit Zucchini-Kapern-Gemüse

Für 4 Portionen

400 g Zucchini
2 Stangen Staudensellerie
250 g Porree
40 g Butter
4 Schollenfilets
1 EL Zitronensaft, Salz
2 EL eingelegte Kapern
200 g Sahne, Pfeffer

30 Minuten

1 Zucchini waschen, putzen und in dünne Scheiben schneiden. Den Sellerie waschen, abziehen und fein schneiden. Den Porree putzen, längs halbieren, gründlich waschen und in Streifen schneiden.

2 Die Hälfte der Butter erhitzen und den Sellerie darin zugedeckt 5 bis 7 Minuten dünsten. Die Fischfilets waschen, mit Zitronensaft beträufeln und salzen.

3 Zucchini, Porree, Kapern und Sahne zum Sellerie geben, 5 Minuten bei geringer Hitze mitkochen und mit Salz und Pfeffer würzen.

4 Die restliche Butter erhitzen. Die Filets darin von jeder Seite 3 bis 4 Minuten braten und auf dem Gemüse anrichten.

Kapern sind die Knospen des Kapernstrauchs und werden vor der Blüte geerntet. Früher wurden sie hauptsächlich zum Würzen von Fischsaucen und -gerichten verwendet, heute gibt man sie auch zu Fleisch- und sogar zu Süßspeisen.

Tipp der Köchin

Kokosmilch erhalten Sie im Asienladen oder in gut sortierten Supermärkten.

Wussten Sie, dass die Möhre ihre leuchtend orangegelbe Farbe erst seit dem 19. Jahrhundert hat? In früheren Zeiten war sie dunkelviolett bis fast schwarz!

Sehr fein

Fischpäckchen mit Zucchini

Für 4 Portionen

4 Forellen- oder Lachsforellenfilets (etwa 600 g)
1 EL Zitronensaft
Salz
1 kleine Stange Porree
50 g Gorgonzola
50 g Crème fraîche
2 Stangen Staudensellerie
2 Möhren
2 mittelgroße, schlanke Zucchini
40 g Butter
1 Prise Currypulver
1 TL Instant-Gemüsebrühe
1/8 l Weißwein

40 Minuten

1 Den Fisch unter kaltem Wasser abspülen und trockentupfen. Die Filets mit Zitronensaft beträufeln und mit Salz einreiben.

2 Den Porree putzen, längs halbieren, gründlich waschen und in feine Streifen schneiden. Den Gorgonzola mit einer Gabel zerdrücken und mit der Crème fraîche verrühren. Die Käsepaste auf den Filets verteilen. Einige Porreestreifen darauf legen und die Filets in der Mitte zusammenklappen.

3 Den Staudensellerie waschen, abziehen und fein schneiden. Die Möhren waschen und abschaben oder schälen und in feine Stifte schneiden. Möhren und Sellerie mit 1 Tasse Wasser in einen Topf geben und zugedeckt bei schwacher Hitze 5 bis 7 Minuten dünsten.

4 Die Zucchini waschen und Stiel- und Blütenansätze entfernen. Von den Zucchini mit einem Sparschäler längs dünne Scheiben abschneiden und je 3 Scheiben überlappend aufeinander legen. Die Fischfilets darauf setzen, die Enden der Zucchinischeiben über den Filets übereinander legen und mit Rouladennadeln oder Zahnstochern befestigen.

5 Die Butter zerlassen und die Fischpäckchen darin bei schwacher Hitze von jeder Seite etwa 5 Minuten leicht anbraten. Die übrig gebliebenen Zucchini in feine Streifen schneiden, mit dem restlichen Porree zum Gemüse in den Topf geben und noch 5 bis 7 Minuten dünsten. Alles mit Salz, Curry und Brühe würzen.

6 Den Wein über den Fisch gießen und den Bratensatz lösen. Den Bratenfond etwas einkochen lassen. Das Gemüse auf die Teller geben, die Fischpäckchen darauf setzen und die Sauce darüber träufeln.

Die mit einer pikanten Gorgonzolacreme gefüllten Fischpäckchen werden auf einem bunten Gemüsebett serviert.

Tipp der Köchin

Ein raffiniertes Fischgericht, das wenig Arbeit macht und sich gut vorbereiten lässt. Mit den feinen Zucchinischeiben können Sie auch Fleischstückchen, Scampi und alles, was zart dünsten muss, einwickeln.

Köstliches aus dem Ofen

In diesem Kapitel kommen nicht nur Pizza- und Quichefans auf ihre Kosten, denn die vielseitigen Zucchini eignen sich auch für Lasagne, Calzone, Gratins, Soufflés, Torteletts oder andere pikante Gerichte aus dem Backofen. Und wer Süßes mag, kann sich auf einen feinen Zucchini-Gewürz-Kuchen oder knusprig im Ausbackteig frittierte Zucchiniblüten freuen, mit denen Sie sicherlich auch Feinschmecker überzeugen werden.

Das Universalkraut Schnittlauch gehört zur Familie der Zwiebeln, ist aber geschmacklich um einiges milder. Es lässt sich auch im Blumentopf leicht kultivieren und wird zum Verfeinern und Garnieren vieler Gerichte verwendet.

Geht schnell

Pizzatoast mit Zucchini

Für 4 Portionen

- 2 Tomaten
- 4 Scheiben Toastbrot
- 1 Zwiebel
- 1 Knoblauchzehe
- 1 kleiner Zucchino (200 g)
- 4 EL Olivenöl
- je 1 Prise Thymian und Oregano
- Salz
- frisch gemahlener bunter Pfeffer
- 100 g Mozzarella oder Gouda
- 2 Stängel Petersilie, Basilikum oder Schnittlauch

20 Minuten

1 Die Tomaten mit kochendem Wasser überbrühen und einige Minuten ziehen lassen.

2 Die Brotscheiben toasten. Zwiebel und Knoblauchzehe abziehen und fein würfeln. Den Zucchino waschen, putzen und klein würfeln.

3 Die Hälfte des Öls erhitzen und Zwiebeln und Knoblauch darin goldgelb anbraten. Die Zucchini zugeben und alles bei schwacher Hitze zugedeckt etwa 5 Minuten dünsten. Das Gemüse mit Thymian, Oregano, Salz und Pfeffer würzen.

4 Den Backofen auf 250 °C (Umluft 230 °C, Gas Stufe 6) vorheizen. Die Tomaten häuten, Stielansätze entfernen und das Fruchtfleisch fein würfeln. Den Mozzarella oder Gouda ebenfalls fein würfeln.

5 Das restliche Öl über die Toastscheiben träufeln. Tomaten- und Käsewürfel mit dem Gemüse vermischen, auf den Brotscheiben verteilen und alles 5 Minuten im Backofen überbacken.

6 Petersilie oder Basilikum waschen, trockenschwenken, die Blätter von den Stielen zupfen und die Toastscheiben damit garnieren.

Tipp der Köchin

Statt der Toastscheiben können Sie auch halbierte Baguettebrötchen oder Mischbrotscheiben als Unterlage für diesen saftigen Gemüsetoast verwenden. Fleischfans können außerdem noch einige Schinken- oder Salamiwürfel unter das Gemüse mischen oder eine Schinkenscheibe auf das Brot legen.

Raffiniert

Gratinierte Zucchinistifte

Für 4 Portionen
600 g Zucchini
4 Frühlingszwiebeln oder
1 kleine Stange Porree
1 mittelgroße Kartoffel, Salz
80 g harter oder weicher Schafskäse
200 g Sahne
3 EL Semmelbrösel oder Pinienkerne

40 Minuten

1 Den Backofen auf 220 °C (Umluft 200 °C, Gas Stufe 4–5) vorheizen. Die Zucchini waschen, putzen, in feine Stifte raspeln und in eine flache Auflaufform geben.

2 Frühlingszwiebeln oder Porree waschen, putzen und in feine Streifen schneiden. Die Kartoffel schälen, waschen und auf die Zucchini reiben. Zwiebeln, Kartoffeln und Zucchini vermischen und mit Salz würzen.

3 Den Käse reiben oder fein würfeln und untermischen. Die Sahne darüber gießen. Die Semmelbrösel oder Pinienkerne darüber streuen.

4 Die Form auf die mittlere Schiene des Backofens stellen und das Gratin 25 bis 30 Minuten überbacken.

Zucchinistifte, Schafskäse und Pinienkerne sind im Handumdrehen zu einem köstlichen Gratin vereint.

Tipp der Köchin

Eine raffinierte Beilage, die wenig Arbeit macht und zu Fleisch-, Geflügel- und Fischgerichten schmeckt.

Vegetarisch

Zucchini-Kartoffel-Gratin

Dieser preiswerte und schnell zubereitete Auflauf passt sehr gut als Beilage zu vielen Fleisch- und Fischgerichten und schmeckt natürlich auch solo, am besten zu einem bunten Rohkostsalat.

Für 4 Portionen

500 g Kartoffeln
800 g Zucchini
2 Zwiebeln
40 g Butter
2 TL Mehl
200 g Sahne
1/4 l Milch, Salz
2 TL Instant-Gemüsebrühe
2 TL Rosmarinnadeln oder Thymianblättchen
2 TL Oregano
frisch gemahlener bunter Pfeffer
50 g Bergkäse oder Pecorino
20 g Kürbiskerne
Fett für die Form

60 Minuten

1 Die Kartoffeln mit der Schale etwa 20 Minuten kochen, kalt abschrecken, pellen und in Scheiben schneiden.

2 Die Zucchini waschen, Stiel- und Blütenansätze entfernen und das Fruchtfleisch in sehr dünne Scheiben schneiden. Die Zwiebeln abziehen und würfeln. Die Zwiebeln in heißer Butter goldgelb braten. Das Mehl darüber streuen und unter ständigem Rühren leicht anbraten.

3 Sahne und Milch unter Rühren angießen. Die Sauce etwas einkochen lassen und mit Salz, der gekörnten Brühe, Rosmarin, Oregano und Pfeffer würzen. Die Sauce etwas abkühlen lassen. Den Käse reiben und in die Sauce rühren.

4 Den Backofen auf 200 °C (Umluft 180 °C, Gas Stufe 3–4) vorheizen. Eine flache Auflaufform einfetten, die Zucchini- und Kartoffelscheiben dachziegelartig hineinschichten und die Sauce darüber gießen. Die Kürbiskerne grob hacken und darüber streuen. Die Form auf die mittlere Schiene des Backofens setzen und das Gratin etwa 20 Minuten backen, bis die Oberfläche goldbraun ist.

Tipp der Köchin

Nach Belieben können Sie noch Tomatenscheiben oder einige klein geschnittene, eingelegte, getrocknete Tomaten auf das Gratin legen, bevor Sie die Sahnesauce darüber gießen.

Ganz einfach

Gratinierte Zucchiniröllchen

Für 4 Portionen

100 g Reis
1 großer, dicker Zucchino (500 g)
Salz
1 Zwiebel, 1 Knoblauchzehe
20 g Butter
1 rote oder gelbe Paprikaschote
frisch gemahlener Pfeffer
1 Bund Schnittlauch oder Dill
500 g Tomaten
2 EL Olivenöl
1 TL Thymian oder Oregano
4 Scheiben Emmentaler
Fett für die Form

50 Minuten

1 Den Reis in einem Topf 2- bis 3-mal mit kaltem Wasser durchspülen. So viel Wasser aufgießen, dass es etwa 1 Zentimeter hoch über dem Reis steht. Den Reis zum Kochen bringen und auf der ausgeschalteten Kochstelle etwa 10 Minuten quellen lassen.

2 Den Zucchino waschen und Stiel- und Blütenansatz entfernen. Das Fruchtfleisch längs in 8 dünne Scheiben schneiden und salzen.

3 Die Zwiebel und den Knoblauch abziehen, würfeln und in der heißen Butter andünsten. Die Paprika waschen, Stielansatz und Kerne entfernen und die Schote fein würfeln. Die Paprikawürfel zu der Zwiebel geben und 5 bis 7 Minuten dünsten.

4 Den Reis mit dem Gemüse verrühren und alles mit Salz und Pfeffer würzen. Den Schnittlauch oder Dill waschen, trockenschwenken, fein hacken und untermischen.

5 Die Tomaten mit kochendem Wasser überbrühen, kalt abschrecken und häuten, dabei die Stielansätze entfernen. Das Fruchtfleisch würfeln und auf dem Boden einer eingefetteten, ofenfesten Form verteilen. Die Tomaten mit Salz und Pfeffer würzen. Das Olivenöl darüber gießen und Thymian darüber streuen. Den Backofen auf 220 °C (Umluft 200 °C, Gas Stufe 4–5) vorheizen.

6 Je zwei Zucchinischeiben leicht überlappend nebeneinander legen und 1 Käsescheibe darauf legen. Zucchini- und Käsescheiben jeweils zu einer Rolle mit großer Öffnung aufrollen und mit Zahnstochern oder Rouladennadeln fixieren. Die Röllchen mit der Öffnung nach oben nebeneinander auf die Tomaten in die Form setzen und die Reis-Gemüse-Mischung in die Öffnungen füllen.

7 Die Form auf die mittlere Schiene des Backofens setzen und die Zucchiniröllchen etwa 30 Minuten backen.

Oregano und Majoran sind im milden Mittelmeerraum beheimatet. Oregano hat ein etwas herberes Aroma als Majoran. Beide Kräuter eignen sich vorzüglich zum Würzen von Tomaten-, Fisch- und Geflügelgerichten und vielerlei Salaten und Saucen.

Für Gäste

Zucchiniquiche mit Thunfisch

Die beliebten Gemüsetorten nach französischem Vorbild sind ideal für Feste und Büfetts. Sie brauchen zwar etwas Zeit, lassen sich aber gut vorbereiten.

Die Zucchiniquiche mit Thunfisch schmeckt als kleiner Snack zu Bier und Wein, aber auch als Hauptgericht mit einem knackigen Salat ist sie sehr beliebt.

Für etwa 8 Stück

Teig:
200 g Mehl
1 Messerspitze Backpulver
1 TL Salz
100 g Quark
100 g Butter, Öl für die Form

Belag:
300 g Zwiebeln
300 g Zucchini
1 Dose Thunfisch (100 g)
2 EL Öl

Guss:
2 Eier
100 g Crème fraîche
40 g geriebener Parmesan oder Pecorino
Salz, frisch gemahlener Pfeffer
1 Messerspitze Currypulver
1 TL Thymianblättchen
20 g Pinien- oder Sonnenblumenkerne

90 Minuten

1 In einer Schüssel Mehl, Backpulver, Salz und Quark vermischen. Die Butter in Stückchen zugeben und alles zu einem glatten Teig verkneten. Den Teig zu einer Kugel formen und 10 Minuten kühl stellen.

2 Die Zwiebeln abziehen und in Ringe schneiden. Die Zucchini waschen, putzen und in dünne Scheiben hobeln. Den Thunfisch abgießen und zerteilen.

3 Den Backofen auf 200 °C (Umluft 180 °C, Gas Stufe 4) vorheizen. Eine Springform von 26 Zentimeter Durchmesser einölen. Den Teig auf einer bemehlten Arbeitsfläche ausrollen, in die Form geben und dabei einen kleinen Rand hochziehen. Den Teigboden mehrmals mit einer Gabel einstechen und auf der mittleren Schiene des Backofens 10 bis 15 Minuten vorbacken.

4 Für den Belag das Öl erhitzen und die Zwiebeln darin goldgelb anbraten. Die Zucchini zugeben, 4 bis 5 Minuten dünsten und alles etwas abkühlen lassen. Den Thunfisch mit dem Gemüse vermischen. Die Eier mit der Crème fraîche, dem Käse, Salz, Pfeffer, Curry und Thymian verrühren.

5 Den Teigboden aus dem Backofen nehmen und die Gemüsemischung darauf verteilen. Die Eier-Käse-Creme darüber gießen und mit einer Gabel etwas verteilen. Die Pinienkerne darüber streuen.

6 Die Quiche wieder in den Backofen schieben und etwa 20 bis 25 Minuten backen, bis die Oberfläche goldbraun ist.

Tipp der Köchin

Statt Thunfisch können Sie auch zerkleinerte Ölsardinen oder Sardellen bzw. rohen oder gekochten Schinken verwenden.

Sehr fein

Zucchinisoufflé

Sehr schön sieht es aus, wenn Sie von dem Soufflé mit einem Esslöffel einzelne Nocken abstechen, diese dekorativ auf Teller verteilen und einige Zucchinistifte darüber streuen.

Für 4 Portionen

400 g Zucchini
Salz
40 g Butter
40 g Mehl
1/4 l Milch
1 TL Instant-Gemüsebrühe
frisch gemahlener bunter Pfeffer
1 Prise Muskat
1 Bund Petersilie
100 g Emmentaler
3 Eier
Butter für die Form
1 kleiner Zucchino zum Garnieren

50 Minuten

1 Die Zucchini waschen und Stiel- und Blütenansätze entfernen. Das Fruchtfleisch mittelgrob in einen Topf raspeln und leicht salzen. 1 bis 2 Esslöffel Wasser dazugeben und das Gemüse etwa 3 bis 5 Minuten bei geringer Hitze dünsten, bis alle Flüssigkeit verdampft ist.

2 Die Butter zerlassen. Das Mehl darin unter Rühren 1 bis 2 Minuten anbraten und die Milch langsam einrühren. Die Sauce einige Minuten unter Rühren kochen, bis sie eingedickt ist.

3 Die Zucchini in die Sauce einrühren und mit Brühe, Salz, Pfeffer und Muskat abschmecken. Den Topf vom Herd nehmen und leicht abkühlen lassen.

4 Den Backofen auf 220 °C (Umluft 200 °C, Gas Stufe 4–5) vorheizen und eine Auflaufform darin etwa 5 Minuten anwärmen.

5 Die Petersilie waschen, trockenschwenken und fein hacken. Den Käse reiben. Die Eier trennen. Die Eigelbe mit der Petersilie und dem Käse verrühren und in die Zucchinisauce mischen. Die Eiweißmasse mit 1 Prise Salz steif schlagen und mit einem Schneebesen unter die Zucchini-Eigelb-Sauce ziehen.

6 Die Form aus dem Backofen nehmen und ein Stück Butter auf dem Boden zerlassen. Die Gemüsemasse einfüllen, die Form auf die mittlere Schiene des Backofens stellen und das Soufflé etwa 25 bis 30 Minuten backen, bis die Oberfläche goldbraun ist.

7 In der Zwischenzeit den Zucchino waschen, den Stielansatz entfernen, fein würfeln oder in dünne Stifte schneiden und das fertige Soufflé damit garnieren.

Tipp der Köchin

Bei Soufflés dürfen Sie die Backofentür während der ersten Hälfte der Backzeit auf keinen Fall öffnen, damit das Soufflé nicht zusammenfällt.

Für Gäste

Zucchinitorteletts

Für etwa 8 Stück

- 4 Platten TK-Blätterteig (400 g)
- 200 g Möhren, 1 Zwiebel
- 2 EL Öl, 400 g Zucchini
- 100 g Sahne, 100 g geriebener Käse
- 1 TL gehackte Petersilie

40 Minuten

1 Die Teigplatten zum Auftauen auf ein Brett legen. Die Möhren schaben und in Stifte schneiden. Die Zwiebel abziehen, fein würfeln und mit den Möhren in Öl andünsten.

2 Die Zucchini waschen, putzen, in Stifte schneiden und zugeben. Die Sahne angießen. Das Gemüse 5 Minuten dünsten, dabei die Flüssigkeit etwas einkochen lassen.

3 Den Backofen auf 200 °C (Umluft 180 °C, Gas Stufe 3–4) vorheizen. Die Teigstücke zu 4 Millimeter dicken Rechtecken ausrollen und in Quadrate teilen. Die Ränder nach innen biegen.

4 Käse und Petersilie zum Gemüse geben und je etwas von der Mischung in die Mitte der Torteletts geben. Die Torteletts auf ein Blech setzen und ca. 20 Minuten backen.

Die Zucchinitorteletts sind im Handumdrehen zubereitet und als kleiner Snack äußerst beliebt.

Tipp der Köchin

Diese Torteletts sind eine schöne Ergänzung zu einem Gläschen Wein oder Bier und außerdem schnell zubereitet, wenn sich ganz plötzlich Besuch ansagt.

Diese Lasagneversion schmeckt auch ohne Fleisch sehr gut, da die getrockneten Steinpilze sehr aromatisch sind.

Vegetarisch

Lasagne mit Zucchini und Pilzen

Für 4 Portionen
- 20 g getrocknete Steinpilze
- 2 Zwiebeln
- 2 Knoblauchzehen
- 4 EL Olivenöl
- 500 g Tomatenpüree oder -stücke (aus der Dose)
- 100 g Sahne
- Salz
- frisch gemahlener bunter Pfeffer
- je 1 TL Kräuter (Thymian, Salbei, Oregano)
- 600 g Zucchini
- 100 g frisch geriebener Pecorino
- 8–10 Lasagnenudelplatten

90 Minuten

1 Die Steinpilze mit 1/2 Liter heißem Wasser übergießen und mindestens 40 Minuten einweichen lassen.

2 Die Pilze über einem Sieb abgießen. Das Einweichwasser dabei auffangen und durch eine Filtertüte gießen. Die Pilze verlesen und klein schneiden.

3 Zwiebeln und Knoblauch abziehen, fein schneiden und im heißen Öl goldgelb anbraten. Pilze und Tomatenpüree oder -stücke dazugeben und einige Minuten mitdünsten. Die Sahne und das Pilzeinweichwasser dazugießen. Alles mit Salz und Pfeffer würzen und die Kräuter unterrühren.

4 Den Backofen auf 200 °C (Umluft 180 °C, Gas Stufe 3–4) vorheizen. Die Zucchini waschen, die Stiel- und Blütenansätze entfernen und das Fruchtfleisch in feine Stifte schneiden oder mittelgrob raspeln.

5 In eine rechteckige, mittelgroße Auflaufform abwechselnd Sauce, Käse, Nudelplatten, Zucchinistifte und wieder Käse schichten. Über die letzte Nudelschicht nur noch Sauce und Käse geben. Die Nudelplatten leicht in die Sauce drücken, damit sie ganz von der Flüssigkeit bedeckt sind.

6 Die Gemüselasagne auf der mittleren Schiene des Backofens 30 bis 35 Minuten überbacken. Mit einer Gabel einstechen und testen, ob die Nudeln weich sind, sonst noch einige Minuten im Backofen weiterbacken lassen.

Tipp der Köchin

Lasagneplatten müssen nicht vorgekocht werden, wenn die begleitende Sauce sehr flüssig ist, da die Nudelplatten dann in der Flüssigkeit ausreichend garen.

Ganz einfach

Tortellinigratin mit Zucchini und Tomaten

Für 4 Portionen

500 g Zucchini
Salz
200 g Champignons
4 EL Olivenöl
500 g Tortellini
500 g Tomaten
2 Zwiebeln
2 Knoblauchzehen
frisch gemahlener bunter Pfeffer
4 TL Thymianblättchen oder gehackter Salbei
50 g geriebener Pecorino oder Bergkäse

40 Minuten

1 Die Zucchini waschen und Stiel- und Blütenansätze entfernen. Das Fruchtfleisch in Stifte schneiden oder raspeln und leicht salzen. Die Champignons putzen und fein schneiden. 2 Esslöffel Öl in einer beschichteten Pfanne erhitzen und die Pilze darin 2 bis 3 Minuten dünsten.

2 Die Tortellini in reichlich kochendem Salzwasser nach Packungsanweisung garen. Die Tomaten waschen, zu den Tortellini in das kochende Wasser geben, nach etwa 3 Minuten herausnehmen und häuten. Stielansätze entfernen und das Fruchtfleisch grob würfeln. Zwiebeln und Knoblauchzehen abziehen und fein würfeln. Die Tortellini in ein Sieb abgießen.

3 In einem Topf das restliche Öl erhitzen und Zwiebeln und Knoblauch darin anbraten. Die Tomatenwürfel dazugeben und 2 bis 3 Minuten mitschmoren. Alles mit Pfeffer, Salz und Thymian oder Salbei würzen.

4 Den Backofen auf 220 °C (Umluft 200 °C, Gas Stufe 4–5) vorheizen. In eine Auflaufform abwechselnd Tortellini, Pilze, Zucchinistifte, Tomaten-Zwiebel-Mischung und Käse schichten. Die oberste Schicht mit der Tomaten-Zwiebel-Mischung und dem Käse abschließen. Das Gratin auf der mittleren Schiene des Backofens etwa 20 Minuten überbacken.

Salbei sollte man nur sparsam dosieren und auch erst kurz vor Ende der Garzeit zufügen, da er Hitze nicht verträgt.

Tipp der Köchin

Die beliebten gefüllten Teigtaschen bringen Geschmack und Raffinesse ohne viel Aufwand. Achten Sie beim Kauf auf Tortellini mit dünnem Teig und schmackhaften Füllungen. Gute Qualität finden Sie in der Regel in gut sortierten Supermärkten oder italienischen Feinkostgeschäften.

Champignons sollte man immer erst kurz vor der Zubereitung säubern. Da die Pilze schnell Wasser aufsaugen, ist es ratsam, sie nur mit einem feuchten Küchenpapier oder einer weichen Bürste zu reinigen. Falls sie doch stärker verschmutzt sind, am besten nur kurz abbrausen und anschließend sofort trockenreiben.

Vegetarisch

Calzone mit Pilzen

Für 4 Portionen

10 g Hefe (1/4 Würfel), Salz
250 g Mehl
4 EL Olivenöl
250 g Zwiebeln
1 Knoblauchzehe
200 g Champignons
300 g Zucchini
frisch gemahlener bunter Pfeffer
1 Prise Muskat oder 1 Muskatblüte
100 g geriebener Pecorino
50 g Crème fraîche
30 g Pinienkerne
Fett für das Blech
Olivenöl zum Bestreichen

60 Minuten

1 Für den Teig 125 bis 150 Milliliter lauwarmes Wasser, Hefe und 1 Teelöffel Salz vermischen. Das Mehl langsam einrühren. 1 Esslöffel Öl dazugeben und den Teig mit den Knethaken des Handrührgeräts oder mit der Hand so lange verkneten, bis er geschmeidig ist und sich von der Schüssel löst. Den Teig zugedeckt 20 bis 30 Minuten gehen lassen.

2 Inzwischen für den Belag die Zwiebeln und den Knoblauch abziehen und fein hacken. Die Pilze putzen. Die Zucchini waschen und die Stielansätze entfernen. Zucchini und Pilze in feine Scheiben schneiden.

3 Das restliche Olivenöl in einer Pfanne erhitzen und die Zwiebeln darin goldgelb anbraten. Den Knoblauch dazugeben und kurz anbraten. Pilze und Zucchini zufügen und 2 bis 3 Minuten mitschmoren.

4 Den Hefeteig nochmals kurz kneten und in 4 gleich große Portionen teilen. Die Teigportionen auf einer Arbeitsplatte zu runden, 5 Millimeter dünnen Teigplatten ausrollen.

5 Das Gemüse mit Salz, Pfeffer und Muskat würzen. Den Pecorino und die Crème fraîche einrühren. Die Pinienkerne in einer Pfanne ohne Fett unter Rühren anrösten und untermischen. Den Backofen auf 250 °C (Umluft 230 °C, Gas Stufe 6) vorheizen und ein Blech einfetten.

6 Die Gemüsemasse auf den Teigplatten verteilen und dabei einen etwa 2 Zentimeter breiten Rand lassen. Die Teigplatten in der Mitte zusammenklappen und dabei die Ränder mit den Fingern gut zusammendrücken. Die Teigoberfläche mit Olivenöl bestreichen und die Calzoni auf das Backblech legen.

7 Das Blech auf der mittleren Schiene in den Backofen schieben und die Teigtaschen etwa 10 Minuten backen. Hitze auf 190 °C (Umluft 170 °C, Gas Stufe 3) reduzieren und weitere 5 bis 10 Minuten backen.

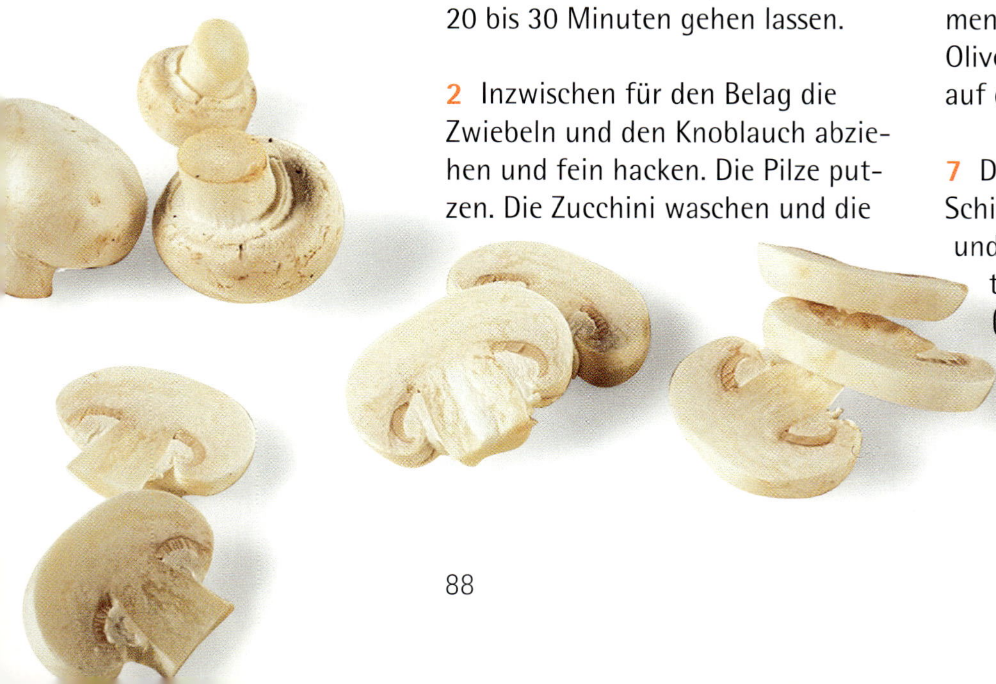

Ganz einfach

Überbackene Zucchini

Für 4 Portionen

800 g mittelgroße Zucchini
Salz, 50 g geriebener Käse
2 TL Oregano, Thymian oder Salbei
200 g Sahne

30 Minuten

1 Den Backofen auf 200 °C (Umluft 180 °C, Gas Stufe 3–4) vorheizen.

2 Die Zucchini waschen, putzen und längs in dünne Scheiben schneiden.

3 Die Zucchinischeiben leicht salzen und mit dem Käse und den Kräutern in eine Auflaufform schichten. Die Sahne darüber verteilen.

4 Die Auflaufform auf die mittlere Schiene des Backofens setzen und die Gemüsescheiben in etwa 20 bis 25 Minuten backen.

Tipp der Köchin

In diesem einfachen Gemüseauflauf schmecken auch noch einige in Scheiben geschnittene Pilze oder Schinkenstreifen sehr gut.

Die überbackenen Zucchinischeiben zeichnen sich durch den kräftigen Salbeigeschmack und die Käsekruste aus.

Für Gäste

Zucchini-Gewürz-Kuchen

Haselnüsse bekommen durch das Rösten im Backofen ein kräftigeres Aroma und machen Kuchen und Torten, aber auch pikante Gerichte noch »nussiger«.

Für etwa 12 Stücke

150 g Haselnüsse
Fett für die Form
250 g Zucchini
80 g weiche Butter
125 g Zucker
1 Prise Salz
2 Eier
1 EL Zimtpulver
1 TL gemahlene Vanille
1 unbehandelte Zitrone
250 g Mehl
2 TL Backpulver

40 Minuten
60 Minuten Backzeit

1 Den Backofen auf 200 °C (Umluft 180 °C, Gas Stufe 3–4) vorheizen. Die Nüsse auf ein Blech geben und unter gelegentlichem Wenden 15 bis 20 Minuten rösten, bis sie goldbraun sind und würzig duften.

2 Eine Kastenform von 25 Zentimeter Länge einfetten. Die braune Haut der Nüsse mit einem rauen Tuch grob abreiben. Die Nusskerne fein reiben und die Form mit 2 Esslöffeln Nussbrösel ausstreuen.

3 Die Zucchini waschen, Stiel- und Blütenansätze entfernen und das Fruchtfleisch mittelgrob raspeln.

4 Die Butter mit dem Zucker, Salz, den Eiern, Zimt und der Vanille verrühren. Die Zitrone heiß abwaschen, 1 Teelöffel der Schale abreiben und in die Buttermasse einrühren.

5 Das Mehl mit dem Backpulver vermischen und langsam in die Butter-Zucker-Masse einrühren. Die Nüsse und Zucchini hinzufügen und alles gut verrühren, bis der Teig schwer reißend vom Löffel fällt. Sollte er zu fest sein, etwas Milch dazugeben. Den Teig in die Form füllen und glatt streichen.

6 Die Form auf dem Backofenrost auf der zweituntersten Schiene in den Backofen schieben und den Kuchen etwa 60 Minuten backen, bis die Oberfläche schön gebräunt ist.

7 Den Kuchen aus dem Backofen nehmen, 4 bis 5 Minuten ruhen lassen, mit einem scharfen Messer vorsichtig vom Rand lösen und auf ein Kuchengitter stürzen. Den Kuchen auskühlen lassen und in Stücke schneiden.

Tipp der Köchin

Dieser raffinierte Kuchen lässt sich in Folie verpackt gut einige Tage aufbewahren, da ihn die Zucchini schön feucht halten.

Sehr fein

Frittierte Zucchiniblüten

Für 4 Portionen

8–12 Zucchiniblüten mit Stiel
100 g Mehl, 1 TL Zucker
1 Prise abgeriebene unbehandelte Zitronenschale
1/4 l Milch
1 Eigelb, 1 Eiweiß
Salz, Öl zum Frittieren
Puderzucker zum Bestreuen

30 Minuten

1 Die Blüten vorsichtig kalt abbrausen und zum Abtropfen auf ein Küchenpapier legen. Die Staubgefäße mit einer Schere herausschneiden und die grünen Kelchblättchen abzupfen.

2 Das Mehl in einer Schüssel mit Zucker, Zitronenschale, Milch und Eigelb verrühren. Das Eiweiß mit 1 Prise Salz steif schlagen und unter den Teig heben. Das Öl auf 175 °C erhitzen.

3 Die Blüten einzeln in den Teig tauchen, abtropfen lassen und im Öl in 1 bis 2 Minuten goldbraun frittieren. Auf Küchenpapier abtropfen lassen, mit Puderzucker bestreuen und sofort servieren.

Zucchini zum Dessert? Warum nicht! Mit einer süßen Teighülle knusprig ausgebacken.

Tipp der Köchin

Die frittierten Blüten passen sehr gut als raffinierte Beilage z. B. zu Eis mit Fruchtsauce oder auch zu einer feinen Weinschaumsauce.

Rezeptregister

Sachregister

Die Autorin
Johanna Handschmann war lange Jahre Hauswirtschaftslehrerin und Fachschulrätin. Heute lebt und arbeitet sie als freie Autorin in der Nähe vom Bodensee. Sie hat bereits mehrere Kochbücher veröffentlicht und ist vor allem als Fachautorin zu den Themen »Vollwertküche« und »Trennkost« in Erscheinung getreten. Des weiteren hält sie Kochkurse und Weinseminare ab.

Der Fotograf
Kai Mewes ist selbstständiger Foodfotograf in München. Sein Studio mit Versuchsküche befindet sich in der Nähe des Viktualienmarktes. Die stimmungsvollen Bilder sind Ausdruck seiner Hingabe, Fotografie und kulinarischen Genuss zu vereinen.

Bildnachweis
Alle Bilder stammen von Kai Mewes, München außer:
Südwest Verlag, München: 6, 12, 16, 19, 20, 32, 34, 35, 36, 38, 40, 44, 48, 50, 52, 54, 56, 60, 62, 64, 68, 69, 70, 72, 73, 78, 80, 81, 84, 86, 87, 88, 90, 92, 93,
Titelbild: Stockfood, München

Hinweis
Das vorliegende Buch ist sorgfältig erarbeitet worden. Dennoch erfolgen alle Angaben ohne Gewähr. Weder Autorin noch Verlag können für eventuelle Nachteile oder Schäden, die aus den im Buch gemachten praktischen Hinweisen resultieren, eine Haftung übernehmen.

Impressum

Lektorat: Freya Salpietro, Christine Pfützner
Projektleitung für diese Ausgabe: Jacqueline Böttcher
Bildredaktion: Sabine Kestler
Foodfotografie: Kai Mewes
Layout: Manuela Hutschenreiter
Umschlag: Atelier Versen, Bad Aibling
DTP: Jan-Dirk Hansen, Maren Scherer

Printed in Italy

ISBN 978-3-8094-2197-9

579/078580200X817 6253 4453 6271